国語授業の改革18

# 国語の授業で「深い学び」をどう実現していくか

「言葉による見方・考え方」の解明と教材研究の深化

「読み」の授業研究会 編

学文社

# はじめに

二〇一七年・二〇一八年に小中高の学習指導要領が改訂され、「主体的・対話的で深い学び」が大きく前面に位置づけられました。そこには三つの要素が含まれますが、その中でも特に「深い学び」については、「深いの意味がわかりにくい」「何をもって深いと言えるのか基準が見えない」といった声をよく耳にします。

「深い学び」は「各教科の特質に応じた『見方・考え方』を働かせ」実現すべきと述べられ、国語科では「言葉による見方・考え方」を重視すべきとあります。しかし、「言葉による見方・考え方」もわかりにくい。

浅い学びよりは深い学びの方が望ましいし、見方・考え方が大切ということは頷けます。しかし、「望ましい」「頷ける」と言っているだけでは何も変わりません。「深い学び」や「言葉による見方・考え方」の内実を解明していかない限り、これまでの国語の授業の弱さを克服し新しい国語を創り出していくことはできません。

そこで「国語の授業で『深い学び』をどう実現していくか―『言葉による見方・考え方』の解明と教材研究の深化」を特集しました。「深い学び」と「言葉による見方・考え方」の正体を具体的に解明していきます。

第Ⅰ章では、阿部の論考に続き、物語・小説、古典、説明文・論説文の授業で「深い学び」を実現するための切り口を、教科書教材を取り上げながら示しました。第Ⅱ章では、「深い学び」「言葉による見方・考え方」解明の鍵となる教材研究について、方法とスキルを示しました。第Ⅲ章では、「深い学び」を実現した小学校古典の授業を紹介しました。そして第Ⅳ章では、気鋭の研究者にさまざまな角度から「深い学び」「言葉による見方・考え方」をどう読み解いていったらいいのかを論じていただきました。

『国語授業の改革』には、その名のとおり国語の授業を改革するための切り口がたくさんあります。多くの先生方、研究者の方々に読んでいただき、ご意見・ご批判をいただきたいと思います。

二〇一八年八月

読み研代表　阿部　昇（秋田大学）

目次

【問題提起】

# 1　国語の授業で「深い学び」をどう実現したらいいのか

## ――「言葉による見方・考え方」・教科内容・教材研究の検討を通して考える

阿部　昇（秋田大学）

### 1　「深い学び」と「言葉による見方・考え方」のわかりにくさ

二〇一七年・二〇一八年学習指導要領で「主体的・対話的で深い学び」が前面に位置づけられた。総則に「主体的・対話的で深い学びの実現に向けた授業改善」が繰り返し述べられ、各教科でも「指導計画の作成と内容の取り扱い」に「主体的・対話的で深い学び」が出てくる。改訂の目玉の一つである。[1]

「主体的な学び」「対話的な学び」「深い学び」それぞれについて、学習指導要領解説・総則編（以下「解説・総則編」）などで説明されている。しかし、それらを丁寧に読んでもそれぞれどういう学びのあり方を指し示しているのかわかりにくい。そして、その中でも特にわかりにくいという声を多く聞くのが「深い学び」である。解説・総則編では「深い学び」は、次のように書かれている。次のような視点で「授業改善を行う」という文脈である。

　習得・活用・探究という学びの過程の中で、各教科等の特質に応じた「見方・考え方」を働かせながら、知識を相互に関連付けてより深く理解したり、情報を精査して考えを形成したり、問題を見いだして解決策を考えたり、思いや考えを基に創造したりすることに向かう「深い学び」が実現できているかという視点。[2]

「見方・考え方」「知識を相互に関連付け」「情報を精査」「問題を見いだして解決策」「創造」など、確かに重要な事柄が含まれている。しかし、実際に各教科でどうすればいいのか、これだけではその具体は見えない。

この中でも鍵の一つとなるのが「見方・考え方」と考えられるが、解説・総則編には次のように書かれている。

各教科等の「見方・考え方」は「どのような視点で物事を捉え、どのような考え方で思考していくのか」というその教科等ならではの物事を捉える視点や考え方である。各教科等を学ぶ本質的な意義の中核をなすものであり、教科等の学習と社会をつなぐものである

そして、国語科では「言葉による見方・考え方」が示されている。解説・国語編には次のようにある。

**言葉による見方・考え方を働かせる**とは、児童が学習の中で、対象と言葉、言葉と言葉との関係を、言葉の意味、働き、使い方等に着目して捉えたり問い直したりして、言葉への自覚を高めることであると考えられる。

そして、それは「言葉の様々な側面から総合的に思考・判断し、理解したり表現したりすること」「言葉に着目して吟味すること」を含むと述べる。

これもわかりにくい。学習指導要領・国語の中で「言葉による見方・考え方」に特に関わると思われるものを抜粋すると、次のようになる。（「読むこと」分野に絞る。）

―「比較や分類」「原因と結果」「具体と抽象」「考えとそれを支える理由や事例」「文章全体と部分との関係」「登場人物の設定の仕方」「登場人物の相互関係」「比喩、反復、倒置、体言止めなどの表現の技法」「情報の信頼性の確かめ方」「文章を批判的に読みながら、文章に表れているものの見方や考え方について考える」「構成や論理の展開、表現の仕方について評価」

二〇〇八年以来のものと、新たなものとがある。以前に比べ前進と見える部分もあるが、これらラベルだけでは、国語の授業は変わらない。その具体が見えてこない限り「スローガン」に終わる畏れがある。ところが、それを見い出そうとしても、なかなか答えが見つからない。

なぜこんなにも「言葉による見方・考え方」の具体がつかみにくいのか。

## 2　国語科の教科内容が解明されていないことが「言葉による見方・考え方」をとらえにくくしている

国語科教育の世界では、教科内容を具体的に解明していく試みが、これまで極めて不十分であった。それが、今回の「言葉による見方・考え方」という提起に十分に応えられない大きな理由の一つと考える。学習指導要領では、今見たとおりそれなりの「内容」を示してはいる。しかし、それら一つ一つについてどういう言語の力・国語の力を育てたらいいのか、どういう「言葉による見方・考え方」を育てたらいいのかは見えない。

たとえば学習指導要領・国語の小５・小６と中１の「比喩や反復などの表現」の「工夫」「技法」についてである。比喩は、重要な国語科の教科内容であり、「言葉による見方・考え方」に深く関わる。しかし、ただ「比喩」を取り上げただけでは、どのように「言葉による見方・考え方」になるのかは見えない。中学校解説・国語編を見ても「**比喩**とは、あるものを別のものでたとえて表現すること」程度の用語の説明と「意味や用法とともに理解し、話や文章の中で使う」「比喩の種類について整理する」程度の記述しかない。小学校解説・国語編でも「『まるで～のようだ』などのようにたとえであることを示す語句を伴う直喩や、そのような語句を用いない隠喩」程度である。これだと、実際の授業は「比喩表現に着目」「何を喩えているか確かめる」「どんな印象か考える」くらいで終わる可能性がある。比喩に直喩と隠喩があることを知り、解説レベルの「直喩には『～ようだ』があるが、隠喩にはない」という学習で終わる可能性が高い。それでは「比喩」がどのように「言葉による見方・考え方」に関わるかは全く見えてこない。それを働かせてどう「深い学び」を実現するのかも見えない。

確かに直喩には「～ような」があり隠喩にはない。しかし、重要なのはそれを知るだけでなく「～ような」の有無が「見方・考え方」にどう関わるかである。

土

蟻が
蝶の羽をひいて行く
ああ
ヨットのようだ

上記は、三好達治の詩「土」である（現代仮名遣いに直した）。ここには直喩が使われている。この詩は長く小中学校の教科書に掲載されてきたが、これまで直喩が使われていることがどういう効果を上げているかを検討した実践例・研究例をほとんど見たことがない。それでも次のような解釈がある。「〈ヨットのようだ〉という比喩によって、ありふれた〈土〉の世界が、いっぺんにひろびろとした青海原の世界に変身します。（中略）蝶の『死』の世界が一転して、風をはらんで海原を走るヨットの『生』になるのです。[2]」

「いっぺんに」「青海原の世界に変身」とあるが、直喩があることでむしろ読者を現実に留めている。もし青海原に連れていくのなら、隠喩の方がよいはずである。

土

蟻が
蝶の羽をひいて行く
ヨット
湘南のヨット

次は阿部が作成した隠喩版である。この隠喩の方が、直喩より読者を青海原に連れていく力は強い。そうなると、この詩のよさは消えてしまう。「ような」を示し「それに似ている」というメッセージを前面に出すことで、説明的になっている。そのため、現実に留める力が働く。語り手の姿も、より見えてくる。「ああ」があることで、その効果が一層強められる。現実感を残し語り手を表に出す効果である。

直喩表現は説明的になる傾向があり、読み手を現実に留める効果がある。一方、隠喩表現は読み手を直感的に比喩の世界に連れ出す傾向がある。これは「土」だけでなく、他の詩や物語・小説でも応用できる。

そう見ていくと、この詩はただ蝶の羽をヨットに喩えているのでなく、「ああ」という生の声とも相まって、喩えている語り手が姿を見せ、現実感を強めていることがわかる。それは「土」という題名とも響き合う。「ヨット」などの題名と比べるとわかりやすい。

これらは比喩に関するより高次の認識方法と言えるし「言葉による見方・考え方」と言ってよいものである。それを生かすことで、国語科の「深い学び」となる。[3]

学習指導要領・国語の中3の「文章を批判的に読みながら、文章に表れているものの見方・考え方について考える」も、重要な国語科の教科内容であり「言葉による見方・考え方」に関わる。しかし、これもどういう批判的読解の方法を使い、どのような学習を展開するかの具

体がなければ、「好きか嫌いか」程度で授業が終わる可能性がある。それは「深い学び」とは無縁である。(4)

## 3 「智德」「國民精神」そして文学教育・言語教育論争

国語科教育で教科内容についての追究が極めて遅れていること、それゆえ「言葉による見方・考え方」に応えられないことを述べてきたが、それにはそれなりの理由がある。国語科教育に関わる者だけの問題ではない。

「国語」という教科が成立したのが、一九〇〇（明治三三）年である。この時点で国語科教育が言語の教育として成立しにくい状況が生まれていた。それは国語科に言語の能力を育てる役割と同時に、あるいはそれ以上に道徳を育てる役割が求められていたということである。

次は、一九〇〇（明治三三）年の『小學校令施行規則』中の「國語」に関する記述の一部である。(5)

> 國語ハ普通ノ言語、日常須知ノ文字及文章ヲ知ラシメ正確ニ思想ヲ表彰スルノ能ヲ養ヒ兼テ智德ヲ啓發スルヲ以テ要旨トス

着目すべきは、「智德ヲ啓發」である。「智德」とは、知恵と道徳のことである。これが国語科に期待され続け、やがては次のような「國民科國語」にまで至る。一九四一（昭和一六）年『小學校令施行規則改正』である。(6)

> 國民科國語ハ日常ノ國語ヲ習得セシメ其ノ理會力ト發表力トヲ養ヒ國民的思考感動ヲ通ジテ國民精神ヲ涵養スルモノトス

これが「國民科國語」のはじめに置かれる。「讀ミ方」「綴リ方」が出てくるのはこの後である。「國民精神ヲ涵養」が重視されている。「智德」「國民精神」を育てることが国語科に期待されてきたことが、言語の教育としての国語科という要素を弱くしたきた可能性が高い。

一九四九（昭和二四）年から一九五二（昭和二七）年にかけて西尾実と時枝誠記の間で「言語教育・文学教育論争」が行われたが、そこでも事実上そのことが問題にされた。(7) 西尾は文学教育と言語教育を「独立的」に行うべきと主張し、時枝は文学教育と言語教育を「区別しないで」行うべきであると主張した。この論争には、文学の教育と非文学の教育のジャンルの問題と、文学教育を

これからどのように行っていくべきかという問題との二つが含まれ、それが錯綜して展開していった。ジャンルの問題としては、西尾が言うとおり文学教育と非文学の教育を区別するというのは当然のことである。しかし、時枝が一番こだわっていたのは、ジャンルの問題というより、それまでの文学教育が言語の教育になっていなかったということの問題性である。このまま文学教育と非文学の教育を「独立的」に行うと、文学教育が旧来の形に戻ってしまうという危機意識であった。

　論争を見ると、西尾も時枝も同様にそれ以前の国語科教育に強い危機意識をもっていたことがわかる。西尾は文学教育と非文学の教育を別々に行わないと「古い文学教育を脱却できず、ほんとうの言語教育に眼が開かない国語教育を後へ《ママ》引き戻すおそれ」があり、そこに「危険」があると述べる。時枝は「これは言語の教育であるとかこれは文学の教育だというふうに、方法や態度をまったくかえることが国語教育にとって非常に危険」と述べる。二人は、明治期から戦中の国語科教育そのものをここでは具体的には取りあげてはいないが、「智徳」「國民精神」を育てる国語科教育と深い関わりがあると見てよい。

　日本の国語科教育（母国語教育）は、道徳教育的役割を担わされきたために、言語の教育の要素が軽視されてきた。そのため、分析的な読みが軽視・忌避され続けた。時枝は、文学教育を「言語表現の分析」「言語の分析」を重視しながら行うべきと述べる。言語教育として文学教育を行うべきとは、文学も分析的に指導すべきということである。これは、時枝の「惚れさせない国語教育」という主張にもつながる。[8] しかし、残念なことに戦後の国語科教育は、文学はもちろん文学以外の教育でも、言語の教育とは逆の方向を向いて行われてきた。

　「ごんぎつね」の授業で子どもたちがごんに共感して次々と泣き出す授業がある。文学に共感し泣いてもよい。しかし、泣いているだけで、その授業を通じて子どもたちにどういう言語の力・読む力が育ったのかは、その場合問題とされない。しかし、そういう授業が「よい授業」と評価されることが少なくなかった。

　説明的文章についても、教材の内容を読みとるだけの授業か、逆に要点探しをさせたり要約・要旨を書かせるだけの授業であったりすることが今でもある。内容主義と形式主義である。さらには、「筆者が一番訴えたいことは?」などと問いながら、文章の最後の付加的な部分を大きく取りあげ「自然の大切さを訴えている」などと道徳的・教訓的にまとめる上げる授業もまだある。

国語科が「言葉による見方・考え方」に応えられないのは、そういう事情による。その中で「深い学び」を実現することは難しい。時枝の主張を再評価すべきである。

## 4 教材研究の弱さと教科内容の解明の弱さとは連動している──物語・小説篇

国語科教育では、教材研究のあり方にも問題を抱え続けてきた。それが教科内容の解明を遅らせていることと深く関わる。教科内容の曖昧さと同時に、教材研究の弱さ・甘さが「深い学び」の実現を大きく阻害する。教材研究が浅いままに「深い学び」が生まれることはない。もちろん子どもたちに言語の力は育っていかない。

国語科が道徳教育的役割を担わされてきたことが、教科内容だけでなく、教材研究の不十分さをも生み出してきたと考える。戦前・戦後と教材研究自体はそれなりに行われてきた。しかし、道徳的、倫理的、教訓的な要素が前面に出る傾向が強かった。たとえば「走れメロス」であれば尊い友情の物語とだけ読まれ、「少年の日の思い出」であれば少年から大人への成長の物語とだけ読まれる。「ごんぎつね」であればわかりあえなかった二人の悲劇の物語とだけ読まれ、「大造じいさんとガン」だと大造と残雪の暖かい交流の物語とだけ読まれる。

それをよしとする土壌があるために、それ以上文学作品を構造的、分析的、メタ的に読もうという方向を押しとどめている。それどころか、道徳的、倫理的、教育的な読みへの心酔が、言語重視の教材研究を忌避する事態を生み出している。「文学を構造とか技法とか言って読むからつまらなくなるのだ」「自然にそのまま読めばいいのに、構造だとか技法だとか言うから感動が薄れる」といった言説がまことしやかに飛び交う。

そういった文学作品への分析忌避は、日本だけではないようでピエール・ブルデューは「科学的分析が、美的快楽をはじめとして、文学作品や読書行為の特殊性をなすものをどうしても破壊してしまうというのは、いったい本当なのか?」と問う。「いったいなぜ、あれほど多くの批評家、作家、哲学者たちが、芸術作品の経験は曰く言いがたいものであり、それは定義からして理性による認識を逃れるものであると、あんなにも迎合的に言明するのか?」と述べる。そして「なぜ人は、芸術作品や美的認識を知的に認識する試みを押し進めようとする人々にたいして、あんなにも執拗な攻撃を加えるのか?」「要するにひとことで言えば、なぜ人はあんなにもはげしく、分析にたいする抵抗を示すのか?」と続ける[9]。

右の「批評家、作家、哲学者たち」に「教師」「国語科教育の研究者」を代入すると、日本の状況と重なる。

文学を構造的、分析的、メタ的に読んでいくことで作品の面白さ、良さ、質の高さが一層鮮やかに見えてくる。それを知らないでいたときより一層読むことが楽しくなる。文学を批評的に読んでいくことにもつながる。

たとえば「ごんぎつね」(新美南吉)のクライマックスを意識して読むと、その構造的な仕掛けそして面白さが明確になる。クライマックスは作品の最大の節目で、主要な事件がそこで決定的局面を迎える。描写性が高く読者のアピール度も高い。作品のテーマとも深く関わる。

「ごんぎつね」では次の二つが、クライマックスの有力候補となる。いずれも山場の部分である[10]。

> 兵十は立ち上がって、なやにかけてある火なわじゅうを取って、火薬をつめました。そして、足音をしのばせて近よって、今、戸口を出ようとするごんを、ドンとうちました。/ごんは、ばたりとたおれました。(A)
>
> 「ごん、おまいだったのか、いつも、くりをくれたのは。」/ごんは、ぐったりと目をつぶったまま、うなずきました。(B)

Aは、兵十がごんを撃つ衝撃的な部分である。「ドン」「ばたり」など、擬音語・擬態語が使われて描写性も高い。Bは、ここで、兵十とごんのすれ違い・誤解が解消する。倒置法も使われて描写性も高い。

いずれがクライマックスとしてふさわしいかは、山場だけを見ていてもわからない。「撃たれて死ぬことが一番大きなこと」「二人のすれ違いが解決することの方が大切」などの一般的な価値論争になってしまう。

重要なのは、この作品の主要な事件がどういうものか、主要な事件がどういう要素の積み重ねで成立しているかを、山場以前の場面に戻って確かめることである。事件はAに収斂されるように書かれているのか、Bに収斂されるように書かれているのかを読み直すのである。

すると山場以前の展開部で節目となる部分が見えてくる。ごんが、川で魚を捕っていた兵十の魚を逃がしたことを後悔する部分がある。「そのばん、ごんは、あなの中で考えました。」から始まる心内語である。ごんは兵十のおっかあが「うなぎが食べたと思いながら死んだんだろう。ちょっ、あんないたずらをしなけりゃよかった。」と強く後悔する。そして、「おれと同じ、ひとりぼっちの兵十か。」と思う。（導入部の設定「ひとりぼっちの小ぎつね」が関わる。）ごんは、自分の行為を後悔するとともに、兵十に対し共感をし始める。それから、ごんの兵十へのつぐないが始まる。「次の日も、その次の日も」ごんはくりを兵十に持っていく。松たけまで持っていく。ごんは、兵十の後をついていき「かげぼうしをふみふみ」にまで至る。見つかれば、ひどい目に合うかもしれないのに、近づかないではいられないごんである。

そんな中、兵十と加助の会話で、くりや松たけは神様が「あわれに思わっしゃって」「めぐんでくださる」という話になる。それを聞いたごんは、心外に感じる。ごんは、「へえ、こいつはつまらないな。」「おれにはお礼を言わないで、神様にお礼を言うんじゃあ、おれは引き合わないなあ。」である。ごんは、自分の行為に気づいてほしいと思う。しかし、ごんは兵十に気づかれないようにしているのだから、兵十が気づくはずはない。矛盾を含む思いである。しかし、そういう思いは誰でもが持つ。そこまでごんは兵十に思いを寄せる。つぐないだったものが、それを超え兵十への強い思慕となってくる。ところが、兵十はごんを「ぬすっとぎつね」と思ったままである。読者は、兵十に早く気づいてほしいと願う。

こう見てくると、この作品の主要な事件は「ごんの兵十に対する見方」と「兵十のごんに対する見方」のすれ違いによって成立していることがわかる。とすると、それが決定的に解消されるBがクライマックスということになる。ただし、Bでやっと解消されたときには、間もなく兵十の弾でごんは死ぬことになる。その意味でこのクライマックスは、「破局から解決」という要素と「解決から破局」という要素の二つを併せ持つことになる。だから、読者は気持ちが引きちぎられるように感じる。

物語・小説でクライマックスに着目することで、主要な事件が見えてくる。それを追究する過程で作品の伏線が自然と浮き出てくる。事件が発展している部分であり、作品を読む際に着目すべき「鍵」の部分でもある。それにより、導入部の設定・展開部の事件が伏線としてクライマックスに収斂されていくという物語・小説の構造も見えてくる。結果として作品の主題らしきものも見えてくる。これらはより高次の認識方法であり「言葉による見方・考え方」である。それらを生かすことで物語・小説の「深い学び」が展開され、確かで豊かな言語の力が育てられる。これらはこの作品だけでなく、多くの作品に応用可能な「言葉による見方・考え方」である。

## 5　教材研究の弱さと教科内容の解明の弱さとは連動している――説明的文章篇

教材研究の弱さと教科内容研究の弱さは、説明的文章分野も同様である。それでも最近は、構成（はじめ・なか・おわり）や段落相互の関係、原因と結果、具体と抽象、情報の信頼性の確かめ方、批判的に読む等の内容が示されてきている。以前に比べれば評価すべき点もある。しかし、それらはどのように「言葉による見方・考え方」と関わるかは、はっきりしない。構成を読むことや段落相互の関係を読むこと、原因と結果、具体と抽象、批判的な読みが、どうして「言葉による見方・考え方」となり、どう「深い学び」につながるのか、よく見えない。

「日本の夏、ヨーロッパの夏」（倉嶋厚）という説明的文章がある。さまざまなデータを示したうえで、日本の夏は「むし暑い」が、ヨーロッパの夏は「気温はあまり高くなく、空気もかわいてい」ると結論づける[11]。

その結論までの論理展開に問題があるのだが、それについてこれまで誰も指摘することがなかった。「選択されている事例・データに妥当性はあるのか」という批判的な読みの方法を使うと不十分さが見えてくるのだが、そういった教材研究が十分に行われていない。

日本とヨーロッパの夏を比べるために筆者は「東京とイギリスのロンドンを例に」取る。そして「ロンドンの七月、八月の気温は、東京の五月や十月」と同じであるが、「東京の七月、八月の平均気温は、ロンドンより十度近く高く」なると述べる。また、夏の平均雨量を取りあげ、「東京の六、七、八月の三か月の平均雨量は四九五ミリメートルで、ロンドンの一五七ミリメートルの約三倍にも」なると述べる。そして、「日本の夏は、確かにむし暑い」が、「ヨーロッパの夏は、気温はあまり高くなく、空気もかわいていて、大変さわやか」と結論づける。パリやベルリンのデータも付加的に示している。

具体的なデータに基づくわかりやすい文章に見える。しかし、「選択されている事例・データ」は妥当なのか。そして結論は妥当なのか。題名は「イギリスの夏、日本の夏」ではない。「日本の夏、ヨーロッパの夏」である。ヨーロッパであるのに、なぜロンドン、パリ、ベルリンだけでいいのか。これら三都市は西岸海洋性気候の地域である。ヨーロッパの南部の地中海性気候の国々についてはこの文章では全く触れていない。調べてみると、アテネやマドリッドなどの夏の平均気温はほぼ東京と同じか、むしろ高い。また、ここで平均湿度でなく平均雨量を取り上げていることにも問題がある。「日本の夏は、確かにむし暑い」が、「ヨーロッパの夏は、気温はあまり高くなく、空気もかわいていて」とはとても言えない。

右に示した批判的読解の方法は、より高次の認識方法であり「言葉による見方・考え方」といえる。これらの方法を駆使して教材を研究し授業を展開してけば「深い学び」は実現する。これまでそういう国語の授業がほとんどなかったのは、教材研究の弱さと教科内容追究の不十分さが連動しながら悪循環に陥っていたことによる。

## 6 国語科の教科内容の再構築と教材研究の高度化が必須

国語の授業で陥りやすいのが、「活動主義」と「正解主義」である。活動主義の授業は、子どもの活動が前面に出て、どういう言語の力・国語の力を育てるかが曖昧になる。子どもの意見や考えは「どれもみんなよい」とされ、解釈の誤りは放置される。さまざまな見方が構造化されることもない。一方、正解主義の授業は、教師が事前に準備した解釈を子どもに示し唯一の正解としていく。

これらは実は同じところに原因がある。これまで述べてきた教科内容把握の不十分さと、教材研究の弱さである。活動主義は、どういう言語の力・国語の力を育てるのかの具体的把握が弱いために、活動自体が自己目的化する。また、教材研究が弱いために、子どもの読みの多様性を評価できずに「何でもあり」となる。正解主義は、もともと教材を通して言語の力・国語の力を育てる発想が弱い。そのため、教師の「深い」解釈を伝えることに終始する。また、教材を構造的、分析的、メタ的に研究できていないために、ある部分については「深い」かもしれない一面的解釈を子どもに押しつけることになる。

「言葉による見方・考え方」「深い学び」という提起自体は歓迎すべきである。しかし、このままだと、国語科では「見方・考え方」も「深い学び」も、かけ声ばかりで何も変わらなかったということになる。それだけでなく、「深い学び」という名の活動主義、「深い学び」という名の正解主義が拡大再生産される危険もある。

「言葉による見方・考え方」に応えられるだけの国語科の教科内容を、体系的・系統的に再構築する必要がある。また、それと連動して、これまでの国語科の教材研究のあり方を見直し、高度化していく必要がある。

**注**

(1) 文部科学省の学習指導要領関係文書は二〇一七年・二〇一八年『小学校学習指導要領』『中学校学習指導要領』『高等学校学習指導要領』と『解説』である。同じ内容の場合、小学校を引用するが中高では「児童」は「生徒」となる。

(2) 西郷竹彦編著『子どもと心を見つめる詩』一九九六年、黎明書房

(3) 文学作品についての詳細は、阿部昇『国語力をつける「読み」の授業』二〇一五年、明治図書出版を参照願いたい。

(4) 説明的文章についての詳細は、阿部昇『文章吟味力を鍛える』二〇〇三年、明治図書出版及び「読み」の授業研究会『説明文・論説文の「読み」の授業』を参照願いたい。

(5) 文部省『小學校令施行規則』一九〇〇年

(6) 文部省『小學校令施行規則改正〈國民學校令施行規則〉』一九四一年

(7) 一九四九年の第二回全日本国語教育研究協議会で西尾実と時枝誠記間で論争が起こる。一九五二年に西尾と時枝の対談という形で論争が継続された。前者は全日本国語教育協議会編『国語教育の進路』一九五〇年、昭森社、後者は『教育建設』第八号、一九五二年、金子書房に収録される。引用はそれによる。

(8) 時枝は「国語教育における古典教材の意義について」『国語と国文学』一九四八年、至文堂の中で、従来の「惚れさせる国語教育」つまり感奮・奮起・感動を旨とする国語科教育から、「惚れさせない国語教育」つまり教材に媚びず冷静に理解し評価する国語科教育に変えるべきと述べた。

(9) ピエール・ブルデュー（石井洋二郎訳）『芸術の規則Ⅰ』一九九五年、藤原書店（Pierre Bourdieu, *LES RÈGLES DE L'ART*, 1992.）

(10) 小学校国語教科書『四下』二〇一五年、光村図書

(11) 小学校国語教科書『国語五上』二〇〇〇年、教育出版

【物語・小説・古典の授業で「深い学び」を実現するための方法―言葉による見方・考え方を育てる】

# 2　物語・小説のクライマックスを読む授業で「深い学び」を実現する
## ――教材「海の命」（小6）を使って

永橋和行（京都府・立命館小学校）

### 1　物語・小説の構成・構造を読みとる

「物語や小説のすじを読みとる」とか「物語や小説のあらすじをつかむ」とは、作品の事件の流れを読みとることと等しいと考える。事件の流れを読みとるためには、まず作品の最も大きな事件の節目であるクライマックスに着目していく方法が有効である。作品の事件は、クライマックスに向かって進行し、そこでの変化に関わってさまざまに仕掛けられている。だからクライマックスという最も大きく事件が変化する部分を強く意識し、そのクライマックスまでの過程をもう一度振り返ることで、クライマックスに向かって事件が大きく発展し深まっていくところ、つまり「事件の発展」をより容易に発見できるようになる。

クライマックスを検討し、作品の構成・構造を読みとることで、言葉による見方・考え方が育っていく。クライマックスの検討により、次のことが可能となる。

①作品全体の事件の流れを理解することができる。特にクライマックスは、事件の関係性がそこで決定的に変化・確定する部分であり、そこに着目することで、作品全体の流れを俯瞰することができる。

②作品の構成・構造を俯瞰することで、その作品の大きな形象の流れ・方向性が把握できる。また、その作品の大きな仕掛けも把握できる。そして作品全体の主題も仮説的に予測することもできる。

③作品の構成・構造を読みとることにより、次の形象よみで「読むべき箇所」を子ども自身の力で発見するこ

とができる。特に作品の事件展開は、クライマックスに向かって進行し仕掛けられ位置づけられている場合が多いので、それを意識することで「事件の発展」の節目をより容易に発見できる。

「事件の発展」の箇所を子ども自身で発見する学習過程こそが深い学びになる。また「事件の関係性を把握すること」「構造を俯瞰すること」「形象の流れを把握すること」「仕掛けを把握すること」も深い学びである。クライマックスに着目することにより、すべての子どもに深い学びを保証することになる。

〈クライマックスとは何か〉

クライマックスの指標には、次のようなものがある。(1)

①事件（出来事はもちろん人物相互の関係等も）が大きく変化、確定する。
②読者に強くアピールする書かれ方になっている。
③描写性が特に厚くなっている。
④より強く作品の主題に関わる。

しかし、実際に小学生の子どもに右記の四点を示してもすぐに理解することは難しいので、「クライマックスはどこか」という授業の場合、「作品の中で、最も大きく変化し、確定するところはどこか」をメインの発問としながら、作品によっては「読者に強くアピールする書かれ方になっているところ」や「描写性が特に厚くなっているところ」の指標についても検討するようにしている。そして「クライマックスで何が大きく変化し、確定したのか」ということを子どもと丁寧に読みとることにしている。

## 2 「海の命」（立松和平）（小6）の教材分析

「海の命」は、太一の少年期から始まり、青年、壮年になるまでのことが描かれている。父親たちの暮らした海をこよなく愛する太一。村一番の漁師でありながら決してそれを誇ることのなかった謙虚な父親。そして巨大なクエに命を奪われた父親の死を乗り越えようと、与吉じいさに弟子入りする。そして太一は与吉じいさのもとで村一番の漁師としてたくましく成長し、父の命を奪った巨大なクエを自分の手で仕留め、父を乗り越えようとする。しかし太一はクエを仕留めずに生かしてしまう。

少年の時の夢に対面しながら、あえてその夢を放棄し、さらに大きなものをつかむ太一。この物語を貫いて流れるものは、一人の少年の、父親たちが生きてきた海に寄せる熱い思いである。そして父の死を乗り越え、父をしのぐ漁師を目指した太一の成長の物語である。

「海の命」の作品構造は、下段の表のとおりである。

発端は、「中学校を卒業する年の夏、太一は与吉じいさに弟子にしてくれるようにたのみに行った。」である。理由は次の三点である。

①ここから具体的な描写になっている。

②父の死を受けて、太一は漁師になる決心をして、漁師としてスタートするところである。（事件の始まり）

③一行空きになっている。

山場は次頁に示したが、その中のクライマックスは、『おとう、ここにおられたのですか。また会いに来ますから。』／こう思うことによって、太一は瀬の主を殺さないで済んだのだ。」である。太一とクエの関係が最も大きく変わるところである。父の敵として殺す相手であったクエが、命のあるもののすべてを生かす海の命であると太一が気づき、決定的に変化するところである。なおここより三行前にクエに対して「ほほえみ」「えがおを作った」とあり、クエに対する見方や考え方が変わったようにも読みとれるが、具体的な行動としてははっきりと太一のクエに対する見方や考え方が決定的に変わるのは、やはりここになる。クライマックスで変化、確定したことは次の六点である。

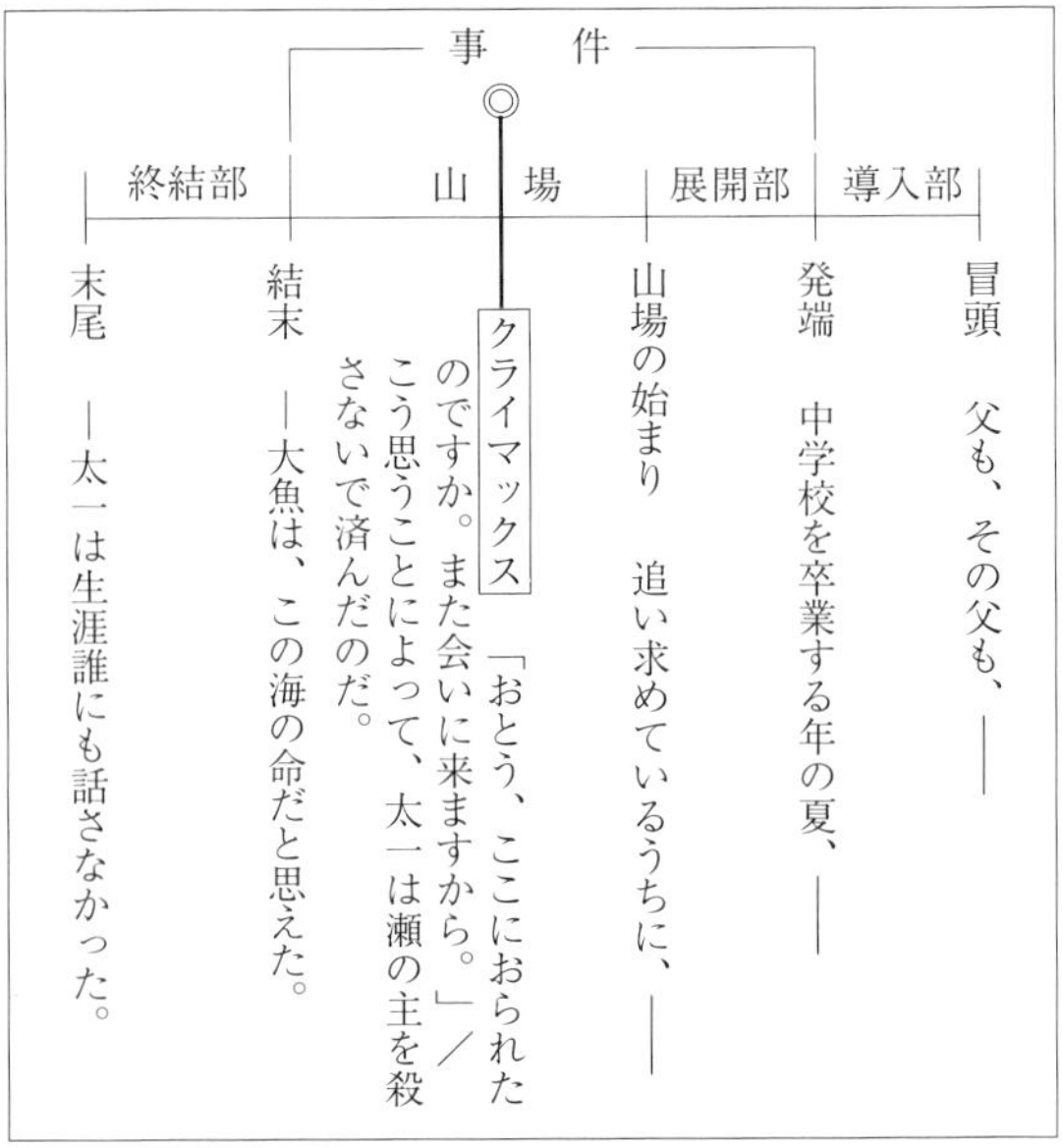

追い求めているうちに、不意に夢は実現するものだ。

太一は海草のゆれる穴のおくに、青い宝石の目を見た。

海底の砂にもりをさして場所を見失わないようにしてから、太一は銀色にゆれる水面にうかんでいった。息を吸ってもどると、同じところに同じ青い目がある。ひとみは黒いしんじゅのようだった。刃物のような歯が並んだ灰色のくちびるは、ふくらんでいて大きい。魚がえらを動かすたび、水が動くのが分かった。岩そのものが魚のようだった。全体は見えないのだが、百五十キロはゆうにこえているだろう。

興奮していながら、太一は冷静だった。これが自分が追い求めてきたまぼろしの魚、村一番のもぐり漁師だった父を破った瀬の主なのかもしれない。太一は鼻づらに向かってもりをつき出すのだが、クエは動こうとはしない。そうしたまま時間が過ぎた。太一は永遠にここにいられるような気さえした。しかし、息が苦しくなって、またうかんでいく。

もう一度もどってきても、瀬の主は全く動こうとはせずに太一を見ていた。おだやかな目だった。この大魚は自分に殺されたがっているのだと、太一は思ったほどだった。これまで数限りなく魚を殺してきたのだが、こんな感情になったのは初めてだ。この魚をとらなければ、本当の一人前の漁師にはなれないのだと、

太一は泣きそうになりながら思う。

水の中で太一はふっとほほえみ、口から銀のあぶくを出した。もりの刃先を足元の方にどけ、クエに向かってもう一度えがおを作った。

「おとう、ここにおられたのですか。また会いに来ますから。」

こう思うことによって、太一は瀬の主を殺さないで済んだのだ。大魚はこの海の命だと思えた。

①クエを殺そうと思っていたが、殺すことをやめた。
②泣きそうだった顔が、笑顔になった。
③太一は、クエのことを敵（仇）だと思っていたが、共に生きる者だと考えるようになった。
④クエのことを、あえておとうと思うことにした。
⑤クエのことを、海の命だと思うようになった。
⑥太一は、父の大物を仕留めるという生き方ではなく、千びきに一ぴきでいいんだという与吉じいさの生き方を選んだ。
特に⑥は、クライマックスからだけでは読みとることが難しく、伏線との構造的な関連を発見する読みであり、まさに深い学びである。

〈「海の命」の主題〉

①与吉じいさの弟子になり、修行を積み、腕を上げる太一。やがて父の命を奪ったクエとの戦いを通して、少年から青年、そして父を乗り越えて一人前の漁師になっていくという「一人の人間（太一）の成長」

②クエを捕えることを夢見ながら、そのクエに父を見、大自然の命を見る。そして生涯を通してその命を守り通す。人間は自然と共生しなければ生きていくことはできないという「人間と自然の共生」

## 3 指導計画（全十時間）

〈表層のよみ〉

○範読・新出漢字・難語句調べ・初発の感想等　二時間

〈深層のよみ〉

○作品の構造・構成を読みとる（発端とクライマックスを見つけて変化を読みとる）　二時間

○作品の形象を読みとる（太一の漁師としての成長や、クエに対する見方の変化について読みとる。山場では主題も読みとる）　五時間

○作品の吟味を行う

「もし太一が瀬の主にもりを打ったとしたら、この作品はどう変わるか。またどちらの作品の方がよいか。」の課題でリライトする　一時間

## 4 実践事例

「海の命」の構造・構成よみの授業記録を掲載する。二〇一八年一月下旬に行った立命館小学校の6年生の複数のクラスの授業を、再構成したものである。□は、永橋自身のコメントである。

### (1) 個人の書き込み

《クライマックスはどこか》と板書されてある。

**教師**　それでは、まず一人ひとりの考えをノートに書いてください。

　教師は机間指導をしながら、一人ひとりがノートに自分の考えを書いているのかを確認する。個人の書き込みを大切にしたい。自分の考えがないと、この後の学習班での話し合いに参加できないからである。なお書いていない子どもには、「最も大きく変化するとこ

ろはどこ?」「大きく変わるのは誰?」等の助言を行う。また書いている子どもの内容をできるだけ把握し、その後の授業の進行にいかすようにする。

(2) **学習班の話し合い**

**教師**　クライマックスを見つけることができましたか。それでは次に学習班で話し合ってください。

学習リーダーには、まずノートに書いてある自分の考えを順番に発表させるように指導している。いくつかの考えが出た時点で賛成や反対の話し合いをするように指導している。学習班として考えが一つにまとまってもいいし、いくつかに分かれてもいいので、最後に考えを整理して、発表者を決めて終わるように指導している。

〈6班の話し合い〉

**子ども**　僕は「この魚をとらなければ、本当の一人前の漁師になれないのだと思う。」がクライマックスだと思います。理由は、太一は泣きそうになるくらい、ここで本気でクエを仕留めようと思ったからです。

**子ども**　それは違うと思います。この時はクエをとらなければ一人前の漁師になれないと思ったけれど、結局太一はクエを仕留めなかったんだから変化していないと思います。

**子ども**　私は「もりの刃先を足の方にどけ、クエに向かってもう一度えがおを作った。」だと思います。理由は、もりの刃先を足先の方にどけたということは、クエを殺すことをやめたということだと思います。

**子ども**　私も同じです。クエを殺すことをやめたというのはとても大きな変化だと思います。それにおとうの敵に笑顔を作ったというのも大きな変化だと思います。

**子ども**　他にありますか。ではこの班は「もりの刃先を足の方にどけ、クエに向かってもう一度えがおを作った。」がクライマックスでいいですか。

**子ども**　いいです。

(3) **学級全体での話し合い**

太一がクエを仕留めることをやめたところがクライマックスであるということは、子どもはわかると思っていた。しかし具体的な場所についてはいくつかに分かれるとも思っていた。子どもたちが迷った場合は、「太一が言動（言葉や行動）ではっきりと変化が確定するところ」がクライマックスであると助言を打とうと思っていた。また必要なら、もう一度学習班で話し合わせてもいいとも思っていた。

**教師**　では学習班で話したことを発表してください。

**子ども**　私たちの学習班は「もりの刃先を足の方にどけ、クエに向かってもう一度えがおを作った。」だと思います。理由は、もりの刃先を足先の方にどけたということは、クエを殺すことをやめたということだと思います。（これを①の考えにする）

**子ども**　僕たちは「こう思うことによって、太一は瀬の主を殺さないで済んだのだ。」だと思います。理由はここではっきりクエを殺さないで済んだと書いてあるからです。（これを②の考えにする）

**教師**　他にありますか。二つとも太一がクエを殺すことをやめたということが大きな変化だととらえているのは同じですね。意見はありますか。

**子ども**　①は違うと思います。もりの刃先を足先の方にどけたと書いてありますが、そのことだけでは、クエを殺すことをやめたかどうかまではわからないと思います。

**子ども**　それはそうかもしれないけれど、クエをねらっていたもりをどけたということは、殺すことをやめたと読みとっていいと思います。

**子ども**　私は②は違うというか、クライマックスとしては遅いと思います。確かに「瀬の主を殺さないで済んだのだ。」とはっきり殺さないと書いてあるけど、もっと前に殺すことをやめたと読みとることができるところがあると思います。

**教師**　いい意見だね。①も②も太一がクエを殺すことをやめたということは同じですね。では太一がクエを殺すことをやめたとはっきりわかるところはどこですか。

**子ども**　……。

**教師**　②の「こう思うことによって、太一は瀬の主を殺さないで済んだのだ。」の「こう思う」とはどう思うことですか。

**子ども**　「おとう、ここにおられたのですか。また会いに来ますから。」と思うことです。

**教師**　ということは、太一がクエを殺すのをやめることがはっきりとわかるのは、「おとう、ここにおられたのですか。また会いに来ますから。」ですね。つまり、この一文がクライマックスになりますね。でも②も一緒にして、二文をひと続きのクライマックスにしてもいいですね。

**教師**　ところで、ここで変化したのは太一がクエを殺すことをやめたことだけですか。他にありませんか。

**子ども**　泣きそうだった顔が、笑顔になった。

**子ども**　太一は、クエのことを敵（仇）だと思っていたが、共に生きる者だと考えるようになった。

**子ども**　つまりクエに対する見方が変わった。

**教師**　なぜ変わったの。その読みとりが大切ですね。この山場から読みとれることもあるし、他のところと関連させて読みとれることもあります。次の時間に詳しく読みとっていきます。今日はこれで終わります。

ただ単にクライマックスを見つけるだけでは深い学びにはならない。クライマックスで何が変化し、何が明らかになったのかまでを読みとることによって、作品のテーマが見えてきてさらに深い学びにつながるのである。また山場の場面だけではなく、ほかの場面も関連付けて読むことによって読みはさらに深まる。

**注**

（1）阿部昇『国語力をつける物語・小説の「読み」の授業』二〇一五年、明治図書出版に詳細が書かれている。

【物語・小説・古典の授業で「深い学び」を実現するための方法―言葉による見方・考え方を育てる】

# 3　物語・小説の伏線と技法を読む授業で「深い学び」を実現する

## ――教材「羅生門」（高1）と「タオル」（中2・高2）を使って

湯原定男（岐阜県・多治見西高等学校）

### 1　作品に隠された意味や仕掛けを発見する

小説を読むうえで、「形象」（イメージ）を読むことの意味を阿部昇読み研代表は、「作品に隠された意味や仕掛けを発見すること」[1]として次のように述べている。

形象には語句の一般的な意味がわかれば比較的すぐ把握できるものと、立ち止まり考える中でだんだんと把握できてくるものとがある。前者を「表層の形象」、後者を「深層の形象」と呼ぶ。深層の形象は作品に分け入ることで見えてくるものである。比喩的意味、反復や倒置などさまざまな技法や仕掛けから生まれる意味、象徴的意味、文化的背景と合わせて見える意味、語や文相互が関わり見える意味、構成・構造と関わらせることで見える意味などである。

そして、そのさまざまな意味を読みとる過程として、形象よみの指導過程を示している。

①作品の鍵となる語句や文に着目して取り出す。
②取り出した語句や文の形象を、技法やさまざまな方法で読み深めていく。その際に文脈（相互の形象の関係性）を重視する。

小説に書かれている表現をもとに、鍵となる文そのものを見つけ、そこにある形象を読み取り、かつ文相互の関係性を見つけていくことで、「作品に隠された意味や仕掛けを発見すること」が作品を「深く読む」ことだ。

## 2　技法と伏線に注目して読むこと

技法に着目することは「鍵」を見つけるうえで、重要な指標となる。それは、作者が特に他と区別して表現した箇所であり、また、そうしなければ表現できない形象があるからこそ、他と違う表現＝「技法」を用いるからである。作品を読み解くうえで、重要な鍵となる部分が「技法や表現上の工夫がされていることが多い」と前掲書でも指摘されている。

芥川龍之介「羅生門」には次のような表現がある（傍線・湯原）。

> 下人は、それらの死骸の腐乱した臭気に思わず、鼻を覆った。しかし、その手は、次の瞬間には、もう鼻を覆うことを忘れていた。ある強い感情が、ほとんどことごとくこの男の嗅覚を奪ってしまったからである。
> 下人の目は、そのとき、初めて、その死骸にうずくまっている老婆を見た。

ここにある技法は換喩。換喩とは、「対象の部分や対象と（物理的に）つながっていたり隣り合っていたりするものによって、対象を表現する比喩（認識方法）[2]」である。普通だったら、「下人はもう手で鼻を覆うことを忘れていた」となる。「その手は」とすることで、下人の意志や判断ではなく、無意識のうちに、覆うことをしなかったこと、それほどの強い衝撃・恐怖を受けたことを表現している。それは、「下人の目は、～見た。」という換喩を繰り返すことで、あまりの衝撃・恐怖のため、下人の意志とは無関係にこの行動を生んでいることを読者に印象づける。さらには「手」「目」がクローズアップされる効果もあり、より下人の意志とは切り離されていることが強調されていることにも注意したい。

そして、大切なことは、ここで読む衝撃や恐怖の大きさが、後の老婆を捕らえたときの満足感や、老婆の「平凡」な答えに対する失望や侮蔑への大きさへとつながっていくことである。下人の後の心の変化への布石となっていることに注意したい。

次に伏線について考えてみたい。

伏線は、辞書には「小説・戯曲・詩などで、後の方で述べる事柄をあらかじめ前の方でほのめかしておくもの[3]」とある。後の展開に備えてそれに関連した事柄を前のほうでほのめかしておくこと。また、その事柄をさしている。まさに形象を読むうえでの、「作品に隠された意味、仕掛け」であり、関連性をもって読むことで初めて見えてくるものである。とすれば、まさにクライマックスにつながっていくようなかくれた部分や仕掛けを「伏線」と考えることができる。したがってクライマックスを意識すると伏線が見つけやすい。「羅生門」では、下人が引剥ぎをするクライマックスから逆算し、下人の老婆に対する見方が変化していく部分に着目すると、自然と伏線が見えてくる。

また、導入部を丁寧に形象よみ（時・場・人物・事件設定）することで、その後の展開の「伏線」になっていると発見することが多い。

さきの「羅生門」においては、時代が平安時代の末であり、秋の終わりころ、また「暮れ方」つまり昼と夜の境界にあること、羅生門という場も洛中洛外の境界であること、そして下人自身も大人と子どもの境界にあり、生死の境界にいるという設定がされている。そして「下人」は、主人からすでに暇を出されており、「下人」ではないにもかかわらず、「下人」と呼ばれていることの意味も大きい。「命令されることをしてきた」「主人からいわれるとおりにしてきた」人物として描かれていることを読むことが可能だ。さらには、「Sentimentalisme《サンチマンタリスム》」（感傷癖）がそのままフランス語で表記されることで、「物に動じやすく、まわりに影響を受けやすい」下人の姿が強調して読者の印象に強く残るよう描かれる。これらの伏線が、後に老婆に敏感に反応するばかりでほとんど主体のない下人の行動につながっていく。最終的には引剥ぎをするのだが、その受動的な生き方からは抜けきれないままであることとも呼応する。

これまで『伏線』への着目が不十分だったために、物語・小説の授業で深い学びが生まれにくかったのである。

### 3 「タオル」（重松清）で、象徴を学ぶ。

重松清「タオル」は、教育出版（中2）・第一学習社「現代文」（高2）で掲載されている。中学と高校の両方の教科書に掲載されるという珍しい教材である。

あらすじは次の通り。

小学校5年生の「少年」が主人公。地方の漁師町を舞台に、突然亡くなった祖父の通夜が行われる午後、東京から旅行雑誌の記者であるシライさんが訪れるところから始まる。十二年前、一本釣りの名人だった祖父の取材をしたことから父らと仲良くなっていたのだ。祖父の死は少年にとって初めての肉親の死。しかし、大人たちは通夜を迎える準備で忙しい。少年は居場所がなく、疎外感を感じている。そして「おじいちゃんが死んだ。それは、わかる。（中略）おじいちゃんが死んだのは悲しいことだ。それはわかる。悲しいときは泣いてしまう。それだって、ちゃんとわかっている。でも、涙が出てこない。悲しいかどうかもはっきりしない。自分の居場所を見つけられないと、ゆっくり悲しむこともできないのかもしれない。」と戸惑う。父以外に知り合いのいないシライさんに十二年前祖父や父の写真を見せてもらいながら、祖父のことをゆっくりと思い出す。通夜の焼香を終えた後、祖父のタオル（祖父は漁に出るとき必ずタオルを頭に巻いていた）を父から勧められて少年が巻くことで祖父が本当にいないことを実感し、自然と涙があふれる。その涙にも祖父と同じ潮のにおいがあって、自分の中に祖父がいることをかみしめていく。

タイトルにもある「タオル」がこの小説では重要な役割を果たしている。十二年前の写真を見ても漁をする祖父はタオルを巻いていて、「いつも」「毎日毎日、繰り返していた」ものだ。それが伏線となり、山場の「いつもタオルを巻いとったろ。」という父の言葉と重なっていく。まさに「漁師としてのおじいちゃん」そのもの、象徴として表現されている。

さらには、疎外感を感じていた少年に対して、父が祖父のことを話すきっかけとなったのもタオル。「ここにおったんか」という父の言葉は、少年を探していた言葉ではなく、「タオルのとこにおったのか。俺たちも、そうなんだ」という驚きと共感を示す。まさに父と少年を結びつける役割を担っている。それだけでなくタオルを巻いた少年を「似合うとるど」という父は、少年に祖父を見、その姿を重ねている。まさに親子三代の絆の象徴としてのタオルである。しかし、絆であると同時に、祖父の存在の喪失感を強く感じさせるものでもあり、それが少年や父の涙となる。

タオルは漁師としての祖父の象徴、そして親子三代の絆と同時に喪失感の象徴でもある。

タオルのもつ象徴的な意味を、クライマックスの形象を読むことを通して、考える授業にしたいと考えた。

次に挙げるのが、山場である。

> 玄関からまた外に出て、庭のほうに回った。
> 納屋のわきに、ほの白いものが見えた。
> 祖父のタオルだった。
> 手を伸ばしかけたが、触るのがなんとなく怖くて中途半端な位置に手を持ち上げたまま、しばらくタオルを見つめた。
> 「おう、ここにおったんか。」
> 背中に声をかけられ、振り向くと、父とシライさんがいた。
> 「おじいちゃんの写真、シライさんに見せてもろうとったら、おもしろかったんじゃ。おじいちゃんは漁に出るときはいつもタオルを巻いとったろう。じゃけん、家におるときの写真を見たら、おまえ、みーんなデコのところが白うなっとるんよ。そこだけ日に焼けとらんけん」
> 涙声になってきた父の言葉を引き取って、シライさんが「タオルを取りに来たんだ。」と言った。「やっぱり、タオルがないとおじいちゃんじゃないから。」
> 父は涙ぐみながら、針金からタオルをはずし、少年に「せっかくじゃけん、おまえも頭に巻いてみいや。」と言った。
> シライさんも、「そうだな。写真撮ってやるよ。」とカメラをかまえた。
> 少年はタオルをねじって細くした。いつも祖父がそうしていたように」
> 頭にきつく巻きつけた。
> 水道の水ですすぎきれなかった潮のにおいが鼻をくすぐった。おじいちゃんのにおいだ、と思った。
> 「おう、よう似合うとるど。」
> 父は拍手をして、そのままうつむき、太い腕で目元をこすった。
> シライさんがカメラのフラッシュをたいた。まぶしさに目を細め、瞬くと、熱いものが瞼からあふれ出た。かすかな潮のにおいがそこにもあった。

クライマックスは、末尾の次の箇所である。

> まぶしさに目を細め、瞬くと、熱いものが瞼からあふれ出た。かすかな潮のにおいがそこにもあった。

それまで「頭では分かっていた」祖父の死を、ほんとうに体で実感し、心の底から自然と悲しみが湧いてくる部分である。それが「熱いものが瞼からあふれ出た」で表現される。

そして涙の中に、おじいちゃんのにおいである「かすかな潮のにおい」を感じ、自分のなかに祖父が存在していることを身をもって感じる場面でこの小説は終わる。

## 4　授業記録

次は、多治見西高校2年5組普通科（38名）で6月に実施した授業を再構成した記録である。3～4人の11班で学習している。

まず、クライマックスの「熱いものが～あふれ出た」を普通の「涙があふれ出た」との比較によって、①祖父への熱い想い、悲しみがあふれたことを表現、②自然とあふれ出たことで、自分の意志とは無関係に「涙」が出たことを表現したことを確認した。

また、「熱いもの」が「あふれ出た」の理由を各グループで話し合い、発表し、検討した。

・父が少年の前で、祖父のことを涙ぐんで涙声で語ったこと。

・タオルを巻いたことで、祖父の死を実感。潮のにおいがあり、それがおじいちゃんのにおいであることも祖父の死を実感させた。

・タオルを巻いた少年は、祖父と同じようにシライさんに写真を撮ってもらい、祖父とより重なった。

・タオルを巻いた少年は、父に似あっているといわれることで、祖父の存在をより実感させた。

それぞれの内容に共通するものとしてタオルがあることを指摘したうえで、「タオル」のもつ意味を検討した。

**教師①**　みんなの意見に共通するものとして「タオル」があるけれど、「タオル」ってこの場合どういうものの？　本文の表現を挙げて言ってくれる？

**子ども**　「やっぱりタオルがないとおじいちゃんじゃないから。」とある。

**教師②**　ということは？

**子ども**　なくてはならないもの。

**教師③**　ないときもあったよね。

**子ども**　漁師としてのおじいさんになくてはならないもの。

**教師④**　タオルが「漁師としてのおじいちゃん」そのも

のだということだね。こういうことをなんと言ったっけ？

**子ども**　象徴。

**教師⑤**　そう、象徴とは、抽象的なものより具体的なもので表現することだね。タオルは「漁師としてのおじいちゃん」の象徴。それを少年の頭に巻くという意味は大きいね。ところで、ここ大事な所だけど、タオルの意味って、もっとないかなあ。

**子ども**　父の、話題の、中心になっているというか、

**教師⑥**　え、どういうこと？　もうすこし具体的に言うと？

**子ども**　写真をみて、タオルしてないデコが白いことに気づいて、とあるから、タオルが話題の、中心というか。おじいちゃんのことを思い出す、きっかけ。

**教師⑦**　つまり、父がおじいちゃんを思う手がかりと言うこと。別の言い方をすれば、父とおじいちゃんを、どうしてる？

**子ども**　結びつけている。

**教師⑧**　そうともいえるよね。結びつけているのは、父とおじいちゃんの他には？

**子ども**　少年とおじいちゃん。

**教師⑨**　どうして？

**子ども**　巻いた。

**教師⑩**　なるほど。文字どおり結びつけている。

**子ども**　それに「（タオルが）似合うとるど」と言って、祖父と少年を重ねてる。

**子ども**　シライさんと少年。

**教師⑪**　え？　どうして？

**子ども**　タオルを巻いた少年を写真に撮っている。

**教師⑫**　まだ大切なのがあるよ。

**子ども**　父と少年。「よう似合うとるど」と言って泣いてる。

**教師⑬**　そう。少年に祖父を重ねている。ほかの箇所にはないか、タオルが父と少年を結びつけているとこ。前の方。

**子ども**　タオルの場所に、みんな来てる。「おう、ここにおったんか」のとこ。

**子ども**　少年も祖父のタオルの場所に来てて、そこへ父とシライさんが来た。

**教師⑭**　「おう、ここにおったんか」を読んでみると、

「ここ」は？

**子ども**　「タオル」のところ。驚いている。

**子ども**　お前もじいさんのタオルのとこにおったか、俺たちといっしょじゃないかと言うこと。

**教師⑮**　そう。少年を探しにここへ来たんじゃない。ここで、ずいぶんかわったよね。前は？

**子ども**　邪魔といわれていた。

**教師⑯**　ここで、はじめて、父は少年を一緒に祖父を悼む存在として認めているといえるよね。

タオルは、漁師としてのおじいちゃんの象徴であると同時に父と少年そして祖父を結びつける、大切な意味をもつ存在になっているね。親子三代を結びつける象徴でもある。ただ、結びつけているけど…祖父は？

**子ども**　いない。

**教師⑰**　タオルは結びつけているけれど、祖父はいないという喪失感も生んでいる。だから、少年は「熱いものがあふれた」だよね。タオルは絆の象徴でもあると同時に喪失感の象徴となっている。だからこそ、この小説の？

**子ども**　題。タイトルになっている。

タイトルになっているものや出来事が、その作品において象徴的な重要な意味をもつことは多い。「タオル」において、山場の部は、まさにこのタオルが話題の中心となっている。より一層その形象を意識して読むことが必要になる。そのことが「深い学び」につながると考えた。

タオルを漁師としての祖父の象徴として読むことは、「やっぱりタオルがないとおじいちゃんじゃないから」という言葉からも比較的容易である。しかし、それがクライマックスの「熱いものが瞼からあふれ出た」にどう結びつくのかを読み取ることが、大切だと考えた。「タオル」こそがここに登場する人物の絆をつくり、同時にそれが祖父の死に対する喪失感を生んでいることを、山場の部の「タオル」の形象を多面的に読むことで、理解する授業をめざした。

**注**

（1）阿部昇『国語力をつける物語・小説の「読み」の授業』二〇一五年、明治図書出版、七九頁

（2）同右書、一四七頁

【物語・小説・古典の授業で「深い学び」を実現するための方法―言葉による見方・考え方を育てる】

# 4　物語・小説の吟味・批評の授業で「深い学び」を実現する
## ――教材「夏の葬列」（中2）を使って

鈴野高志（茨城県・茗溪学園中学校高等学校）

## 1　作品の吟味・批評段階での「言葉による見方・考え方」「深い学び」とはどのようなものか

「読み」の授業研究会（以下、読み研）では、物語・小説の読みの指導過程を、Ⅰ　構造よみ、Ⅱ　形象よみ、Ⅲ　吟味よみ――として提起している。

そのうち、三段階目の吟味よみは、それ以前の二つの過程で明らかにしてきた作品構造や、それをもとにクライマックスとの関係を重視しながら読んできた導入部からのさまざまな仕掛け、さらに言葉や文から読みとってきたものを収斂させて浮かび上がらせたテーマ（主題）などを客観化、相対化し、作品が全体としてどうだったかを改めて吟味、評価させる過程である。

さらに吟味よみの段階では、子どもたちに作品全体を俯瞰的にとらえなおすことを重視して指導する。形象よみの最終段階でそれまでに読みとってきたことを総合し、テーマ（主題）を浮かび上がらせるところまでたどり着いたとしても、そこでは意外に導入部や展開部の前半で読んだ仕掛けなどについては忘れてしまっていることが多いからである。作品全体を俯瞰するということは、改めて導入部や展開部とクライマックスとの関係、あるいは終結部との関係などを見直し考えることにもつながる。その上で根拠を明確に挙げながら作品を吟味、評価することが大切であり、それが単なる表面的な「感想」を超えた「深い学び」につながるものと考える。具体的な吟味よみの方法としては、たとえば、語り手を替えて読み直してみることでオリジナルの語りをとらえ直す、ストーリーは変えずに語りの順序を替えてみる――などの方法がある[1]。

## 2 「夏の葬列」（山下方夫）（中2）の概要と吟味よみのポイント

「夏の葬列」は、教育出版・中学2年の教科書に長年にわたって掲載されている小説である。教科書教材としてはやや珍しくミステリー性の強い作品で、初めてこれを読む子どもは二転三転するその展開に驚きを隠せない。

いわゆる太平洋戦争の末期に疎開児童として住んでいた町を、「一人前の出張帰りのサラリーマン」として十数年ぶりに訪れた主人公の「彼」は、見覚えのある芋畑の向こうにひと群れの葬列を見つけて足を止める。

ここから作品は回想シーンに入る。かつて、この町に滞在していた小学生のころ、彼には同じく東京から疎開してきていた二年上級の「ヒロ子さん」というお姉さんのような存在の友だちがいた。

よく晴れた夏の日、二人が海岸で遊んだ帰りに芋畑で目にしたのは、東京では見ることのない物々しい葬列だった。葬列のしきたりについて、彼より少し知識のあるヒロ子さんが、葬列についていくと大きなお饅頭をもらえることがある、という話をしたのをきっかけに、二人は葬列の方向に向かって走り出す。その時、突然上空に艦載機が現れ、爆音を響かせる。近くにいた大人が「白い服は絶好の目標になるんだ」と警告したことから主人公の彼の頭の中には「白い服＝死」という図式ができあがり、彼を守るために覆いかぶさってくれた白い服のヒロ子さんを突き飛ばしてしまう。その時、艦載機からの爆撃があり、ヒロ子さんは足を撃たれてしまう。

その後、終戦があり、主人公の彼はヒロ子さんがそれからどうなったか――撃たれた時に死んでしまったのか、命を取り留めたのかについての情報を聞かないまま東京へ戻った。

場面は「現在」に戻る。十数年ぶりに、夏の真昼というかつてと重なる状況で葬列を見た彼は、その列に近づき、柩に置かれた写真に「三十歳近くなった」ヒロ子さんの面影を見る。そして、今ヒロ子さんが亡くなったのだったら、あの時彼女を突き飛ばした自分は「人殺しではなかったのだ」と喜ぶ。さらに葬列に続いている子どもたちの一人に、「この人、足が悪かった？」と尋ねると子どもは「体は全然じょうぶだったよ。」と答え、それによって彼は「では、治ったのだ！　俺は全くの無罪なのだ！」と天にも昇る気持ちに至る。そこで彼はさらに「なんの病気で死んだの？　この人。」と軽薄な口調で子どもに問いかける。以下はそれ以降の本文抜粋である。

> 「このおばさんねえ、気がちがっちゃってたんだよ。」ませた目をした男の子が答えた。
> 「一昨日ねえ、川に飛び込んで自殺しちゃったのさ。」
> 「へえ。失恋でもしたの？」
> 「バカだなあおじさん。」運動靴の子どもたちは、口々にさもおかしそうに笑った。
> 「だってさ、このおばさん、もうおばあさんだったんだよ。」
> 「おばあさん？　どうして。あの写真だったら、せいぜい三十くらいじゃないか。」
> 「ああ、あの写真か。……あれねえ、うんと昔のしかなかったんだってよ。」
> 　はなを垂らした子があとを言った。
> 「だってさ、あのおばさん、なにしろ戦争でね、一人きりの女の子がこの畑で機銃で撃たれて死んじゃってね、それからずっと気がちがっちゃってたんだもんさ。」（鈴野注・この子どものセリフがクライマックスである。）

　ヒロ子さんだけでなく彼女の母親も間接的に殺してしまっていたことを知った彼は、「その二つになった沈黙、二つの死が、もはや自分の中で永遠に続くだろうこと、続くほかはないこと」を自覚し、重く、しかし「ひどく確実な」足取りで東京へと帰っていく。

　ミステリー的性格の強い本作品には、クライマックスで全てが明らかになる部分に向けたいくつもの伏線が仕掛けられており、それらについては改めて「作者の工夫」として取り上げることができる。

　例えば、ヒロ子さんは初登場シーンで、「真っ白なワンピースを着た同じ疎開児童のヒロ子さん」と紹介される。地方の町で、ましてや戦時下である。ほとんどの女子児童がいわゆるもんぺ姿であっただろうと思われる状況で、「真っ白なワンピース」は周りからやや浮いて見えたかもしれない。彼女はおそらく経済的には恵まれた部類に入る子どもだったのだろう。しかしこの「真っ白」が、後に主人公が彼女を突き飛ばす伏線になるのである。

　また、お饅頭がもらえるかもしれないと張り切って葬列に向かって走っていく彼の、「ぼくのほうが早いに決まっている、もし早い者順でヒロ子さんの分がなくなっちゃったら、半分分けてやってもいい。」という心内語からは、この主人公の思い込みの強い性格がうかがえる。この思い込みが、「白い服＝死」という彼の頭の中の図式を固定化させ、切羽詰まった状況でヒロ子さんを突き飛ばしてしまうことにつながっていると言える。そしてそれは十数年後の同じような夏に出会った葬列で、ヒロ子さんによく似た写真が柩に置かれているのを見たときに、何の疑いもなくそれをヒロ子さんの写真であると思い込んでしまうことにも通じている。このように時間を超えた形で、少年時代の主人公と成人した「一人前のサラリーマン」の主人公に、同一人物であることを読者に納得させるような描き方、形象性が見いだされるか、という点も吟味の対象となるだろう。

さらに、この作品の導入部では十数年ぶりにこの町に来た主人公による次のような「駅前の風景」の描写と、自分自身についての描写がある。「アーケードのついた明るいマーケットふうの通りができ、その道路も、堅く舗装されてしまっている。（中略）あれ以来、俺は一度もこの町を訪ねたことがない。その自分が、今は大学を出、就職をし、一人前の出張帰りのサラリーマンの一人として、この町に来ている……。」

戦後十数年が経ち、高度経済成長期の日本において、駅前の町並みはもはや戦争の影を忘れさせる風景になっており、主人公自身も疎開児童だった戦時中とは一変し、当時まだ一握りだった大卒の、エリートサラリーマンとしてこの町に来たということ、さらにその直後にはたばこに火をつけるという「大人」アピールの描写もある。

ところが、実は変わっていたのは駅前だけで、「小さな町の家並み」を過ぎると「昔のままの踏切」があり、「ひょろ長い一本の松に見覚えのある丘のすそ」が現れ、「青々とした葉を波立たせた広い芋畑の向こう」に、十数年前と同様の葬列を見る、という仕掛けになっているのである。戦後十数年が過ぎ、駅前の風景も、そして主人公自身も「変わった」と思わせておいて、いきなり昔ながらの風景と葬列に出会い、一気にタイムスリップしたように回想シーンへと入っていく、これも計算しつくされた作者の工夫と言ってよいだろう。

以上はいずれも作者による工夫であり、肯定的な吟味を行う対象として適している点である。一方で批判的な吟味が行われる可能性としては、「主人公に共感できるか」というテーマで話し合いをさせた場合が考えられる。

作品の読みの「総合」段階を、単なる「読後の感想」で終わらせず、子どもたち自身がその作品について改めて評価するこの吟味よみは、これまでの国語科教育ではほとんど行われてこなかった。しかし、このような読みこそが子どもたちに「深い学び」を経験させることになるのではないだろうか。

## 4 「夏の葬列」吟味よみの授業

以下は、二〇一七年九月に、筆者が茗溪学園中学校2年E組で行った授業を再構成したものである。

子どもたちは、4人ずつ、10のグループに分かれて座っている。

**教師①**　今日は今まで構造よみ、形象よみで詳しく読んできたこの「夏の葬列」の吟味よみを行います。いきなり全体を通しての吟味、というとどこから手をつけたらいいかわからないと思うので、場所を絞って考えてもらいます。まず、導入部から発端にかけての作者の工夫について吟味してください。

「全体を吟味しましょう。」という漠然とした指示では、子どもたちは何をどうしたらよいかわからなくなる。吟味の対象となる箇所を指定することで、形象よみで読んだときのノートを見返すこともでき、思考が具体的になる。

では、吟味して、作者の工夫が発見できたところは挙手しよう。はい、では3班。

**子ども**　導入部では「変わったもの」が強調されている。

**教師②**　形象よみでやったよね。例えばどんなものが変わっていたんだっけ？

**子ども**　（一斉に）町。

**教師③**　そうだったね。どんなふうに変わっていた？

**子ども**　戦争のときは「砂利の多い」道だったけど。「明るいマーケットふうの通り」で「舗装されて」いた。

**教師④**　そうだね。それから他に、変わったものと言えば？　じゃあ、これは挙手で。…えーと、1班。

**子ども**　この人。主人公の男の人。

**教師⑤**　うん、名前は出てなくて、そこもちょっとミステリアスだったね。この人は、どう変わったの？

**子ども**　昔は、なんか「はだしのまま」「駆けて通学させられた」って、ちょっとイヤイヤ通っていた感じだったけど、今は大学を出て、一人前のサラリーマン。

**教師⑥**　そう。そしてヒロ子さんの年齢のことから考えて、主人公が大人になってここに来たのは昭和三十年代後半なんだけど、その頃ってどんな時代だった？

**子ども**　高度経済成長。

**教師⑦**　だよね。戦争の影が世の中から消えかかっている時代。しかも当時、大学出ている人って、今以上に？

**子ども**　超エリート。

**教師⑧**　そうだった。先生が調べたら、男子でも二十パーセントぐらいだったみたいだからね。エリート中のエリートだね。では、町も変わった、世の中も変わった、そして主人公自身も大人になったし超エリートに変わったっていうふうに、「変わったもの」をこれだけ強調していることにはどういう意味があるんだろう。もっと言っちゃうと作者はどういう効果をねらって、「変わったもの」をこれだけ強調しているの？

**子ども**　発端を、衝撃的にするため。

**教師⑨**　おお、どういうこと？

**子ども**　最初はいろんなものが変わったように強調しておいて、でも「踏切」とか「畑地」とか、昔のままみたいなのがちらっと出てきて、それで葬列に出会って、ガーン、という感じ。

**教師⑩**　町とか、自分とか、「変わったもの」が最初に強調されているから、昔と同じ状況で葬列が現れるとより衝撃が強いってことね。じゃあ、もし駅を降りたところから「昔のまま」って描かれていたら、どう？

**子ども**　衝撃に欠ける。

**教師⑪**　そうだね。まあ、駅前から昔のままだし、葬列を見ても、景色の一部、くらいにしか感じないかもしれないしね。駅からちょっと離れたら、急にタイムスリップするようなイメージだね。じゃあ、それとも関係するけどもう一つ。クライマックスとの関係でもう一度、導入部のこの強調を読み直すとどういうことが見えてくるかな。はい、2班。

**子ども**　結局、一度は自分がヒロ子さんを殺したんじゃなかったって思っていたら、やっぱり殺していて、それからヒロ子さんのお母さんも間接的に殺していたことがわかって……。

**教師⑫**　そう。それがクライマックスだった。で、この導入部との関係で言えば？

**子ども**　いろいろなことが十数年前とは変わっていて、だから自分ももう昔の罪とは関係なく生きているつもりだったんだと思います。だけど、やっぱり関係があったっていうことだと思います。

**教師⑬**　そう！　あたかも過去と切り離されたように町や世の中や自分が変わっているんだけど、実は葬列そのものが過去の自分とつながっていた、っていう仕掛けだね。よく読めているね。

ここまでの吟味では、構造よみにおける「発端」そして「クライマックス」での作者による衝撃性の演出を、形象よみで読みとったことをもとに行っている。構造よみ、形象よみをふまえているからこそ可能な吟味であると言える。

**教師⑭**　さあ、では最後に主人公の人物像について吟味してみよう。過去の戦争末期のあの事件のときの彼、そして現在の葬列に近づいていった時の彼、さらにクライマックスで全ての事実を知った後の彼の、共通点とか、変化したことについて、考えてみよう。形象よみで読んだこと、ノート見返してもいいから、まずは自力で考える時間、ちょっと長めに5分。

（5分後）では班で話し合い、3分、始め。（3分後）どうかな。何か気がついた班……1班。

**子ども**　過去も現在も、思い込みが激しいところが同じだと思います。おまんじゅうがもらえるかもわからないときに、もうもらえることは確実みたいになっているし、あと白い服のことも。

**教師⑮**　白い服の思い込みっていうのは？

**子ども**　大人が「白い服は絶好の目標になるんだ」って言ったのを聞いたら、もう「ヒロ子さんは撃たれて死んじゃうんだ」って決まったことみたいになって、それでヒロ子さんを突き飛ばしちゃう…。

**教師⑯**　助けにきてくれたのにね、もう「ヒロ子さんは死んじゃう」って思ったらそれしか見えなくなっちゃ

う。その点、大人になってからの彼はどう?…7班、
**子ども**　ヒロ子さんのお母さんの写真を見て、ヒロ子さんだと思っちゃってる。
**教師⑰**　……思っちゃってる。それが「思い込む」っていうレベルであることはどこからわかるの?
**子ども**　自分が殺したんじゃないって思うと、お葬式なのにうきうきした感じで子どもたちに聞いている。
**教師⑱**　「いささか彼は不謹慎だったかもしれない」ってあったよね。それでさらに質問したことで?
**子ども**　本当のことを知ってしまう。
**教師⑲**　そう。思い込みが激しいことが、うきうきした感じにつながって、真実を知るっていうことになるんだね。ちゃんと子どもの頃の性格の描き方が、大人になった主人公にも通じているよね。作家はそういうところも矛盾しないように書いていることがわかるね。この主人公はずっとこうやって生きていくのかな?
はい、9班。
**子ども**　思い込みの激しさは変わらないかもしれないけど、終結部では「二つの死は、結局、俺の中に埋葬されるしかない」とか「自分の中の夏のいくつかの瞬間を、一つの痛みとしてよみがえらすのだろう……。」ってあるから、軽薄な生き方はしないと思います。

ここまで、主人公の人物像についての吟味である。形象よみでは回想部分と現在の部分を別に読んでいるため、それらをつなぐ一貫性までは触れられなかった。吟味よみでこの主人公の性格を俯瞰的に読み直すことで、作者の工夫としてもそれに気づかせることができる。この後、改めて主人公に共感できるかどうかを書かせて、吟味よみの授業を終えた。

**注**

(1)阿部昇『国語力をつける物語・小説の「読み」の授業』二〇一五年、明治図書出版

【物語・小説・古典の授業で「深い学び」を実現するための方法―言葉による見方・考え方を育てる】

# 5　現代に生きる古典の授業で「深い学び」を実現する

## ――教材『平家物語』「祇園精舎」と「木曽の最期」を使って

加藤　郁夫（大阪大学非常勤講師）

### 1　小学校から高校までの「祇園精舎」

古典を魅力的にするには、古典教材も現代文教材と同様に、一つ一つの言葉・表現に着目して読むことである。なぜこの言葉なのか、この順序で語る意味は、その効果は……と考えることから、深い学びも生まれてくる。またそのような読みの方法は、他の古典教材や現代語の文章においても用いることができる汎用性を持つ。

まず『平家物語』冒頭の「祇園精舎」から読んでいく。

1　祇園精舎の鐘の声
2　諸行無常の響あり
3　沙羅双樹の花の色
4　盛者必衰の理をあらはす
5　おごれる人も久しからず
6　ただ春の夜の夢のごとし
7　たけき者もつひには滅びぬ
8　ひとへに風の前の塵に同じ（行番号は加藤が付けた）

小学校の教科書では四社（光村図書・東京書籍・教育出版・三省堂）の5年の教科書に掲載されている。中学校では、五社（光村図書・東京書籍・教育出版・三省堂・学校図書）に掲載され、高校で『平家物語』を扱う際にも必ず触れられる一節である。暗唱に関わっては以前述べたので、ここでは異なる観点で述べる。[1]

### 2　対句を切り口に

ここには二組の対句がある。1・2と3・4、5・6と7・8である。「祇園精舎」に対して「沙羅双樹」、

「鐘の声」に「花の色」、「諸行無常」に「盛者必衰」、「響あり」に「理をあらはす」と対置されている。対句であれば、順序の入れ替えも可能ではないのか。

沙羅双樹の花の色、盛者必衰の理をあらはす
祇園精舎の鐘の声、諸行無常の響あり

では、なぜこれではダメなのだろうか。

一つは、リズムである。「祇園精舎の鐘の声、諸行無常の響あり」の一文は、完璧な七五調である。それに対して「沙羅双樹の～」は七五調が崩れている。七五調の心地よい出だしで作品世界に引き込む効果は、入れ替えては台無しになってしまう。

もう一つは、「諸行無常」と「盛者必衰」の順序である。諸行無常とは、世の中の一切のものは常に変化・生滅して、永久不変なものはないという仏教の根本の考え方を示している。それに対して盛者必衰は無常観の一面を表したものである。つまり、諸行無常の方が意味の広がりが大きい。したがって、諸行無常の方を先に示さなくてはならない。

沙羅双樹の花の色、諸行無常の理をあらはす
祇園精舎の鐘の声、盛者必衰の響あり

ではどうか。

「栄花物語」巻第十七の中に「天竺の祇園精舎の鐘の音、諸行無常・是生滅法・生滅滅已・寂滅為楽と聞ゆなれば」といった表現がある。法然の「涅槃和讃」にも「祇園ノ鐘モ今サラニ　諸行無常ト響カセリ」とある。『平家物語』が創られた時代においては、祇園精舎の鐘は諸行無常と繋がっていた。

では、後半の四句は入れ替え可能だろうか。

ここでもリズムが邪魔をする。「おごれる人も／久しからず／ただ春の夜の／夢のごとし」はきれいに7音・6音になっている。それに対して「たけき者も～」はそのリズムが崩れている。リズムを除けば、後半はどちらが先でもよいようにも思われるが、この点についてはまた後で触れる。

## 3　前半と後半の比較

前半と後半がそれぞれ対句になっていることを見てきたわけだが、前半と後半を比べてみるとどうだろうか。

まず目につくのが前半にある四字熟語である。祇園精舎、諸行無常、沙羅双樹、盛者必衰と四つある。それ

に対して、後半には四字熟語どころか、漢語が一つもない。「春の夜の夢」は春夜《しゅんや》の夢、「風の前の塵」は風前《ふうぜん》の塵とすることも可能である。あえてそうしないことで、前半は四字熟語を中心とした和漢混淆文で、後半はすべて和語で構成していることが見えてくる。前半は漢語が入ることで硬い感じに、後半を和語で柔らかい感じとすることで、前半と後半を対比的に構成している。

さらに前半にある、祇園精舎と沙羅双樹は仏教に関わる場所やもの、諸行無常と盛者必衰は仏教思想を表す言葉である。祇園精舎と沙羅双樹は、中学の教科書には注釈があり、仏教に関わる言葉であることは容易にわかる。つまり、前半は仏教と深く関わっていることがみえてくる。それに対して後半には、直接に仏教との関わりを示すような言葉は出てこない。

平安時代、源信の著した『往生要集』は浄土教の広まりの基礎となり、その流れを受けて平安末期から鎌倉時代に活躍したのが浄土宗の開祖法然である。『平家物語』と安居院流唱導との関わりの深さを指摘する論もある。(2)安居院流は、平治の乱で殺された信西の子で天台宗の僧・澄憲を始祖とし、浄土信仰とも関わりが深いものであった。冒頭の一節だけでも、『平家物語』が浄土教の広がりと深い関わりがあったことがみてとれる。

## 4 「盛者必衰」のテーマの変奏

盛者必衰は、一般には「威勢のある者も滅びてしまう」と解される。冨倉徳次郎は「ここは仏教の無常観を語る対句であるが、常識としては『盛者必衰』よりも『生者必滅』とあるのが順当(3)」と述べる。

諸行無常に次いで、なぜ盛者必衰なのか。確かに生者必滅の方がふさわしいようにも思える。そもそも『仁王経』では、「有本自無／因縁成諸／盛者必衰／実者必虚～」という文脈の中にあり、『盛』は、因縁によって成り立つがゆえに、やがてかならずおとろえる(4)」といった解釈もある。右のように盛者必衰を万物一般について述べたものと解釈すると、諸行無常に次ぐのは必ずしも不自然とは言えない。その後に「おごれる人～」「たけき者～」と続くことで、「威勢のある者も滅びてしまう」という意味が後から付加されるのである。

つまり、冒頭の一節は、諸行無常・盛者必衰と仏教の無常観を述べながら、「おごれる人～」「たけき者～」と続くことで、人間世界の栄枯盛衰に焦点化していくのであり、そのポイントが「盛者必衰」である。仏教的な無常観を述べながら、そこから「盛んなる者も必ず滅びる」というテーマを変奏しているといえる。

## 5　「春の夜の夢」と「風の前の塵」

　おごれる人も久しからずただ春の夜の夢のごとし
　たけき者もつひには滅びぬひとへに風の前の塵に同じ

では、うまくないことは前述した。ここでは「おごれる人も〜」を「春の夜の夢」に、「たけき者も〜」を「風の前の塵」に喩える意味について考えてみよう。

　この表現は、永観の『往生講式』の一節「一生是風前之燭　萬事皆春夜之夢」に影響を受けたといわれている。比べてみると、三つの違いが見えてくる。一つは、『平家物語』では「春の夜の夢」の方が先に来ているという順序の問題である。二つ目は、「燭」が「塵」に変わっている。三つ目には、一生・萬事の比喩として述べられているのに対して、『平家物語』では「おごれる人も久しからず」「たけき者もつひには滅びぬ」と述べた後に、それを喩えていることである。

「春の夜の夢」は、多くの口語訳で「はかないもの」の喩えとされる。「夢」は、「覚醒すればいっさいが消失するところから、修辞表現上は、はかないもののたとえに用いられた[5]」と言われる。しかし、先行する和歌において、「春の夜の夢」が必ずしもはかないものを意味しているわけではない。たとえば、藤原定家「春の夜の夢のうき橋とだえして峰にわかるる横雲の空」では、「春の夜の夢」をはかないものとするだけでは不十分であることは明らかであろう。

『平家物語』冒頭において、「春の夜の夢」が意味の混乱を招かないのは、「おごれる人も久しからず」と先に述べているからである。「盛者必衰」に続く「おごれる人も久しからず」を「ただ春の夜の夢のごとし」と喩える。つまり、「春の夜の夢のごとし」という表現は「おごれる人も〜」を分かりやすく説明する比喩ではない。むしろ、比喩によって春のはなやかさや恋のイメージを連想させることで、形象を豊かにしているのである。

　また「風の前の塵」とは、まだ風によって吹き飛ばされてはいない状態をいう。やがて吹く風によって、塵のような小さなものが吹き飛ばされるのは目に見えているが、今はまだそこにとどまっている。したがって、「滅びぬ」を喩えたのではなく、「たけき者」さらには人が塵のような存在であることを表す比喩となっている。「燭」ではその卑小なイメージは表現されないのである。

## 6 「花の色」と「春の夜の夢」

「祇園精舎」の一節は、先行する様々な表現の影響を受けて成立している。すでに触れたように、祇園精舎の鐘は、諸行無常と鳴るような理解が存在していた。一方の沙羅双樹は、涅槃経によるもので次のように説明される。「仏が涅槃に入った途端に、四方の雙樹が合してそれぞれ一本となって仏涅槃の床に覆いかぶさり、鶴のように白色に変じたよしである[6]」。沙羅双樹は、仏の涅槃を表す言葉であり、「保元物語」や法然「涅槃和讃」にも見られる。しかし、「沙羅双樹の花の色」としたのは『平家物語』の独創であると思われる[7]。「花の色」について、渡辺貞麿は次のように述べている[8]。

『大般涅槃経』の話において、白く色を変えたのは、花のみではない。枝・葉・花・果・皮・幹ことごとく白変したのである。その中から、花をのみ取り上げるのは、表現として、明らかに意図的ないとなみであろう。／花の色はうつりにけりないたづらにわが身世にふるながめせしまに／という有名な小野小町の例をひくまでもなく、花の色に人の世のうつろいを見るという発想や連想は、ことに和歌の世界において、長い伝統を有していた。

「春の夜の夢」は、「花の色」とのつながりから先に来ているのではないだろうか。「花の色」は古今和歌集をはじめ多くの和歌に詠まれた言葉である。「春の夜の夢」も多くの和歌に詠まれている。『平家物語』の冒頭は、和歌に代表される王朝世界の雅をも表現に取り込んでいるといえる。

このように、さまざまな角度からの読みができる。そのすべてを授業で扱う必要はない。しかし、深い教材研究こそが「深い学び」を可能とするのである。

## 7 「木曽の最期」は心情を読めばよいのか？

「木曽の最期」は、平家一門を都から追い出した木曽義仲が、源義経らの鎌倉軍に破れて大津に逃れ、最後の戦いにのぞむ、その様を描いている。

教育出版の『精選国語総合』（二〇一七年）の学習の

手引きには、次のように書かれている（一部を抜き出す）。

1　義仲は、巴に、「おのれは、疾う疾う、女なれば、いづちへも行け。」と言っているが、どのような気持ちで言ったのか。

3　今井兼平は、義仲に対して、「御身も、いまだ疲れさせ給はず。」「御身は、疲れさせ給ひて候ふ。」とあるように、逆の内容を発言しているが、その中に共通する義仲に対する思いはどのようなものか。

指導書では、それぞれ次のように説明している。

1　いよいよ死期の迫ったことを自覚し、巴だけでも生き延びさせたいと考える。……どのように説得してでも愛する者を生き延びさせたいという義仲の愛情の深さから出た言葉であろう。

3　いずれも、主人を励まし、名誉をお守りしようという配慮によるもので、深い愛情のこもった発言である。

これらの読みすべてを否定するつもりはないが、人物の心情に重きをおいて読むことが、必ずしも作品の読みを深めることにはつながっていかない。巴を落とす場面でも他の場面でも、各人物の心情が全て語り手によって語られているわけではない。先に示した指導書が義仲の愛、兼平の愛とより心情に傾斜して読もうとすることで「美しい人間愛の物語」といった読みが生じる。しかし、それでよいのだろうか。義仲はなぜ巴を落とそうとしたのか。そこに巴を生き延びさせたかった義仲の思いを読むことは可能である。しかし、それ以上に、主従五騎になったところで、巴を落とすことがどのような意味を持つかを考えることの方が重要ではないだろうか。

ここまでの戦いは「三百余騎」「五十騎ばかり」「主従五騎」と数詞で表される。「五騎がうちまで、巴は討たれざりけり」を契機として、数詞から個人名へと描き方が変わる。以後、「手塚太郎、討ち死にす。手塚の別当、落ちにけり」とあり、義仲と兼平の二人に焦点を当てていく。巴の箇所は、「木曽の最期」の語りの転換点に位置している。そして、巴や手塚の別当が落ちることは、義仲が落ちることも可能であったことを示す。つまり、生き延びる巴を描くことは、戦いの場から逃げることなく最期に向かって突き進んでいった義仲の「潔さ」をも逆に照らし出している。

また、義仲の「おのれは、疾う疾う、女なれば、いづちへも行け。我は、討ち死にせんと思ふなり。〜」という言葉は、兼平と二人になっての「日ごろは、何ともおぼえぬ鎧が、今日は重うなつたるぞや。」という言葉と対照的である。巴を落とす時の義仲は、一軍の将としての誇りを、そして家来を思いやる余裕を持っている。それが兼平と二人になった時には、「一所でこそ討ち死にをもせめ。」と自らの思いを強く出す。巴を落とす時と兼平と二人になった時では、義仲のあり様は対照的である。

さらに巴は、御田八郎と戦い、見事に勝って落ちてゆく。義仲は一見勇壮に死に向かうように見えながら、最後は「今井が行方のおぼつかなさに」と兼平のことを気遣うがゆえに、武将としては情けない死に様を示す。勇壮に戦って落ちてゆく巴。自害のために松原へとかけてゆく途中で「言ふ効なき人の郎等に」討たれて不名誉な死に様をさらす義仲。二人の有り様は対照的である。

## 8 今井四郎と義仲の対比

「今井四郎、ただ一騎」から始まる一段と「木曽殿は、ただ一騎」からの一段は、二人を対比的に描く。兼平は「五十騎ばかりが中へ駆け入り、鐙踏んばり立ち上がり、大音声あげて名告」るとあるように、自らを目立たせ、勇壮な戦いぶりを示す。それに対して、首を取られた義仲は、「大音声をあげて~名告り」をあげられる。兼平は「射残したる八筋の矢を、さしつめ引きつめ、散々に射」「打ち物抜いて、あれに馳せ合ひ、これに馳せ合ひ、切つて回る」と敵を相手に縦に戦い、その強さを見せつける。義仲は、深田に馬を入れ「煽れども煽れども、打てども打てども、働かず」と、敵と戦うどころか、身動きすらままならない有様で射殺されてしまう。

兼平は「雨の降るやうに射けれども、鎧よければ裏かかず、空き間を射ねば手も負はず」とたくさんの矢を射られながらも全く手傷を負わない。それに対して、義仲は「兼平が行方のおぼつかなさに、振り仰ぎ給へる内兜を、~ひやうふつと射」られ、死んでしまう。矢のあたり方も対比的である。

自害を目指した義仲が、自害できずに殺され、首を取られる。義仲を自害させるために討ち死に覚悟で奮戦した兼平は見事に自害をして果てる。兼平と一緒に死ぬことも叶わず、自害もできず、不名誉な死に様を見せる義仲。兼平の勇壮豪快な戦いぶりと対比されることで、義仲の死はいっそうあわれなものとなる。

## 9　古典の授業で「深い学び」を実現するために

二〇一六年一二月の中央教育審議会答申は、古典教育について次のように指摘している。

> 高等学校の国語教育においては、（中略）古典の学習について、日本人として大切にしてきた言語文化を積極的に享受して社会や自分との関わりの中でそれらを生かしていくという観点が弱く、学習意欲が高まらないことなどが課題として指摘されている。（傍線加藤）

原因は明確である。口語訳や古典文法に終止する古典に魅力があろうはずがない。どんなに古典文法に精通しても、その知識は大学や社会に出れば用無しのものになる。また古典は、はじめから「いいもの」として示され、なぜその作品が素晴らしいのかは、授業の中ではあまり明らかにされない。

「祇園精舎」「木曽の最期」で示したように、現代語で学んだことが古典の読みにおいても生かされることで、古典教材の魅力も発見できるし、古典を学ぶ意味も明らかになってくる。昔のことを学ぶ古典から、今とつながる古典になるのである。さらには、古典たる所以である作品の魅力や素晴らしさを発見していくことにもなる。古典での学びが、日本の文化の見直し・発見になり、言葉を読む力となり、今を生きる力へとなっていくのである。

### 注

（1）加藤郁夫「『言語活動』を生かして中学校の古典で言語力をつける」読み研『国語授業の改革15』二〇一五年、学文社

（2）清水宥星「唱導と文芸—『盛者必衰』覚書」『国文学解釈と鑑賞』至文堂、二〇〇五年十二月号

（3）冨倉徳次郎『平家物語全注釈　上巻』一九六六年、角川書店、三七頁

（4）渡辺貞麿『平家物語の思想』一九八九年、法蔵館、八九～九〇頁

（5）大野晋編著『古典基礎語辞典』二〇一一年、角川学芸出版

（6）『日本古典文学大系 平家物語』一九五九年、岩波書店、補注

（7）市古貞次「平家物語一　祇園精舎」『国文学解釈と鑑賞』至文堂、一九六七年六月号

（8）渡辺貞麿、前掲書、八七頁

【説明文・論説文の授業で「深い学び」を実現するための方法―言葉による見方・考え方を育てる】

# 6　説明文・論説文の典型構成を読む授業で「深い学び」を実現する
## ――教材「科学はあなたの中にある」（中２）を使って

中沢照夫（長野県佐久市立中込中学校）
武田正道（長野県中野市立南宮中学校）

## １　文章構成を俯瞰的に読む方法は「言葉による見方・考え方」の一つである

### (1)「言葉による見方・考え方」と「深い学び」とのつながり

新学習指導要領の国語編によれば、「深い学びの鍵として『見方・考え方』を働かせることが重要になる」としている。国語においては「言葉による見方・考え方」が重視されており、「言葉による見方・考え方を働かせるとは、児童（生徒）が学習の中で、対象と言葉、言葉と言葉との関係を、言葉の意味、働き、使い方等に着目して捉えたり問い直したりして、言葉への自覚を高めること」であるとしている。

それを説明的文章により近づけて具体性を絞り込んでみると、「原因と結果」「理由や事例」「意見と根拠」「比較や分類、関係付け」「文章の中心的な部分と付加的な部分」「事実と意見」「文章全体と部分」「主張と例示」「具体と抽象」など、情報と情報との関係を意味づけ、整理することを目標と位置づけている。

私たちは説明的文章の「読み」の授業において、「構成・構造よみ―論理よみ―吟味よみ」の三つの指導過程を提示している。そのうち、構成・構造よみは文章全体を「序論・本論・結び（はじめ・なか・おわり）」（本稿では中学校教材で論説文を使うので、以下、「序論・本論・結び」を使用する。）の三つに分け、さらに「本論」を「本論１」「本論２」「本論３」……のようにいくつかのまとまりに分けることを通して、文章全体を俯瞰的にとらえる過程である。さらに、分けられた「本論」相互の関係性を見分ける過程でもある。それらはやがて論理よみにおいて段落相互の論理関係や分相互の論理関係を読み解くことにもつながるし、吟味よみにおいて論理関係の立て方や具体例、根拠の述べられ方が優れているか不十分かを評価・批判することにもつながる。

つまり、これらの指導過程においては、指導要領で言う、「言葉による見方・考え方」を働かせること＝「深い学び」は必然的に位置づけられていると言ってよい。

## (2) 構成・構造よみによって「深い学び」が実現される

まず、「序論」を決定する。その手がかりは問題提示や話題提示である。問題提示は端的にその文章が何について述べようとするかを示しているが、文章によってはないものもある。しかし、何についてなのかという話題を明らかにすることで、文章のおおよその方向を理解することは可能である。それが明らかになれば、それに応えて具体的に述べはじめているところはどこかを考えていけば、「本論」のはじまりが見えてくる。

次に、「結び」の決定である。「結び」には、まとめ・結論、筆者の感想・つけたし、新しい問題提起、といくつかの要素がある。そのうちのどれに該当するかを考えながら、「結び」がどこからかを明らかにするのだが、それは「本論」がどこまでかを明らかにすることと表裏一体の関係にある。「結び」を明らかにするとともに、「本論」がどのように述べられているかに注意しながら読むことで「序論・本論・結び」が決定される。

しかし、それで終わりではない。さらに「本論」をいくつかに分けることも重要である。「本論1」「本論2」……と分けていくことで、「本論」がどのように述べられているかをとらえることができるようになる。それらが「序論」や「結び」とどう関係しているかを読みとっていくことにもなる。

構成・構造よみとは、問いや話題（提示）が何で、それについてどこからどのように追究され、どこでどのようにまとめられているのかをつかむ学習過程である。

だが、一口に「問い」と言っても、問いの文が複数存在していたり、問いが文章全体を含み込まず、部分的な問いで終わったりする場合もあって、問いの文だけを見て「序論」とは判断できない場合がある。そんなときは、文章全体を一方で視野に入れながら、問いや話題が文章全体に関わるものなのか部分のものなのかを見極める力が求められる。

同様のことは「結び」についてもいえる。答えやまとめも本論の具体的な論述のひとまとめとして書かれているだけで、文章全体を総括的に述べたものになっていない場合もある。そこでも関係を見極める力が求められる。

このように、構成・構造よみは、情報と情報との関係を意味づけ、整理する力を引き出す学習過程でもあることから、「深い学び」を実現することができるといえる。

## 2 「科学はあなたの中にある」教材研究

### (1) 「科学はあなたの中にある」の文種

「科学はあなたの中にある」（最相葉月）は光村図書・中学2年の教科書に掲載されている。筆者の高校生時代のエピソードとマイケル・ファラデーのエピソードを例に挙げて、「科学的に考えるとはどうすることか」「科学とは何か」に対する筆者の考えが述べられた書き下ろしの文章である。この文章は「科学とは何か」について、二つのエピソードにもとづいて仮説を示し、それを論証しようとしている文章なので、「論説文」である。

### (2) 「序論」を決定する

1段落はいきなり「①科学とは何だろう。」という問いではじまり、「②この問いについて考えるために、ろうそくにまつわる二つの話をしてみようと思う。」と続く（□は段落番号、○は文番号）。そして、2段落からは「ろうそくにまつわる」一つ目の話となっているので、「序論」は1段落であることが比較的容易にわかる。

### (3) 「結び」を決定する

「結び」を子どもに問うと「15段落～18段落が結び（A）」と、「18段落だけが結び（B）」の二つの意見に分かれることが多い。該当の教材は次のようになっている。

15①二十一世紀を生きる私たちから見れば、Mさんの観察記録も、ファラデーの実験も、ずいぶん初歩的なことだと思うかもしれない。②だが、科学とは何かという問いについて考えるとき、この二つのエピソードは私たちに大切なことを教えてくれる。③それは、日常のあたりまえと思っていた光景の前で立ち止まり、固定観念を取り払ったところから見えるものに目を凝らすということ。④身近にある奇跡に目を留めて「なぜ」と問う、素朴な探究心にこそ科学の出発点があるということだ。

16（中略）②ファラデーに続く科学者たちに、光の性質を見極めようとする好奇心がなければ、アインシュタインの相対性理論もこれほど早く導き出されなかっただろう。③二〇一二年、万物に質量を与えたといわれるヒッグス粒子の発見に世界が沸くこともなかったはずだ。④科学における発明や発見は、私たちが生きるこの世の謎を解き明かしたいと思う人々が研究に研究を重ね、先人のともした火が消えぬよう、次の世代へとバトンをつなぐ、そんな歴史の上に成り立っているのである。

17①ただ、知っていてほしいのは、科学は役立つかどうかということを目的とはしていないということである。（中略）③しかし、どんなに画期的な技術でも、使い方を誤れば大きな災いをもたらしかねないことは、原子爆弾の恐怖を知る私たちなら理解できるだろう。④どんなに優れた技術でも、それを過信すれば私たちの生活に危険を及ぼしかねないことは、原子力発電所の事故を経験した私たちなら理解できるだろう。⑤技術は諸刃の剣であり、それをどのように使うかは私たちの手にかかっている。⑥その判断力を養うためにも、私たちは、技術の背景にある科学を、信じるものとしてではなく、理解するものとして見つめなければならないのである。

18①科学とは、事実や事象をまっすぐに受け止め、「なぜ」と問い、平らかな気持ちで検証し、真実に一歩でも近づこうとする人間の営みである。②真実を理解したいと願う心の動きといっていいかもしれない。③「なぜ」と問うた瞬間から、誰もが科学者なのである。④そう。⑤科学はあなたの中にある。⑥あの日、ろうそくを熱心に観察していたMさんのように。

「15段落〜18段落（A）」の立場は、15段落②文「科学とは何かという問いについて」が「序論」の問題提示「科学とは何だろう。」に対応しているからそこが結びととらえる。「この二つのエピソードは私たちに大切なことを教えてくれる。」（15の②）の「大切なこと」が15段落③④文で「固定観念を取り払ったところから見えるものに目を凝らす」「身近にある奇跡に目を留めて『なぜ』と問う、素朴な探究心にこそ科学の出発点がある」にまとめられて結論となっていると読む。

それに対し「18段落だけ（B）」の立場は、「科学とは、事実や事象をまっすぐに受け止め、『なぜ』と問い、平らかな気持ちで検証し、真実に一歩でも近づこうとする人間の営み」（18の①）が、「序論」の「科学とは何だろう。」の答えになっていること、また「誰もが科学者」（18の③）は、題名「科学はあなたの中にある」にも対応することを根拠とする。

15段落も18段落のどちらも「序論」に対応し、「序論」に答えたものとなっている。それだけでは、「結び」がいずれかなのかは決めきれない。

「結び」を決定するうえで重要なのは、「本論」の述べられ方が「結び」とどういう関係にあるのかを見極めることである。述べ方が具体的な論証なのか（本論）、総括的なまとめ（結び）なのかを検証していくことである。その過程において、「文章の中心的な部分と付加的な部分」、「具体と抽象」など、情報と情報との関係を意味づけ、整理することが要求される。それが「見方・考え方」「深い学び」に大きく関わってくる。

15段落①②文には「Mさんの観察記録」「ファラデーの実験」という「二つのエピソード」が、「大切なことを教えてくれる」と総括的に書かれてはいる。だが「二つのエピソード」に限定した考察にすぎない。論理展開の過程の中間的総括と読め、本論の一部と言える。

16段落は、②③文で、ファラデーの発見がなければ「アインシュタインの相対性理論」や「ヒッグス粒子の発見」につながらず、④文「科学における発明や発見」は、「この世の謎を解き明かしたいと思う人々」の「バトンをつなぐ」「歴史の上に成り立っている」と、具体例を挙げながら科学の継承性に視点を移しており、やはり本論と位置づけられる。

また、17段落は、①文「科学は役立つかどうかということを目的とはしていない」と、さらに話題が変わる。③④文「原子爆弾の恐怖」「原子力発電所の事故」を具体例として挙げ、⑤文「技術は諸刃の剣」で、「信じるものとしてではなく、理解するものとして見つめなければならない」と、科学の功罪や目的に言及している。これも15段落や16段落とは包含関係になく、お互いに補完するわけでもないので本論と位置づけられる。

結論としては、「結び」は「18段落だけ（B）」である。18段落①文「『なぜ』と問い、平らかな気持ちで検証し」は15段落を、「真実に一歩でも近づこうとする人間の営み」は16段落を、②文「真実を理解したいと願う心の動き」は17段落を包含し、二文に総括的にまとめている。以上のような教材研究をすることで、授業で「深い学び」が実現できるようになる。

構造は、下段のとおりである。（ただし、本教材の構造については、「読み」の授業研究会の中でも本論を四つに分けるなど別の見解がある。）

## 3　授業で「深い学び」を実現する

長野県中野市立南宮中学校2年生（30名）で、二〇一八年三月に武田正道が行った授業を再構成したものである。

**教師①**　「結び」はどこかについて検討します。まず、「結び」を15〜18段落とする班（A）、理由をどうぞ。

**子ども**　15段落②文に「科学とは何かという問いについて考えるとき、この二つのエピソードは私たちに大切なことを教えてくれる」と書いてあり、「科学とは何か」が序論の1段落「科学とは何だろう」と対応しているし、「この二つのエピソード」とは「Mさんの観察記録」と「ファラデーの実験」のことで、「私たち

| 序論 | 本論 | | | 結び |
|---|---|---|---|---|
| 1 | 2—17 | | | 18 |
| 問題提示 | 2—15 本論1 科学の出発点は素朴な探究心 | 16 本論2 科学はバトンをつないで成り立つ | 17 本論3 科学は信じるものでなく理解するもの | 結論 |

に大切なことを教えてくれる」とまとめているので、「結び」だと思います。

**子ども** 付け足しで、「大切なこと」の中身は15段落③～④文に書いてあって、③文の「固定観念」は5段落の「先入観」のことだし、④文「身近にある奇跡に目を留めて、『なぜ』と問う、素朴な探究心」というのは、4段落のMさんの疑問や12段落の「ファラデーの問い」なので、15段落が「結び」だと思います。

**教師②** 18段落が「結び」という班（B）、反論どうぞ。

**子ども** 15段落も序論に対応しているけど、18段落①文「科学とは、事実や事象をまっすぐに受けとめ（中略）近づこうとする人間の営みである」の方が、「科学とは何だろう」の問題提示にストレートに対応していると思います。

**教師③** 18段落の班からの反論が出されたけど、15～18段落の班はどうかな。

**子ども** 18段落も「結び」だと思うけど、私たちは15～18段落を「結び」と考えています。15段落と18段落は同じようなことを言っているし、18段落だけだと「Mさんの観察記録」と「ファラデーの実験」のまとめとしては抽象的過ぎるのではないかと思います。

**教師④** それぞれ柱の段落は15段落と18段落ということですが、その間の16段落と17段落はどうなっていますか。班で検討してみましょう。5分。

（4人グループで検討）

15段落と18段落の検討だけでは「結び」を決めきれなかったので、その間にある16段落と17段落の役割と、15段落と18段落の述べ方の違いを考えさせた。

（グループでの検討の後の全体の検討）

**子ども** 15段落は「Mさんの観察記録」と「ファラデーの実験」についてだけのまとめになっているけど、16段落には「アインシュタインの相対性理論」や「ヒッグス粒子」、17段落には「原子爆弾の恐怖」や「原子力発電所の事故」という具体例を挙げて筆者の考えを述べているので、15段落のまとめとは内容が異なっています。15～17段落は「本論」だと思います。

**教師⑤** 「結び」が18段落で、15段落、16段落、17段落は「本論」というのなら、18段落はそれらをどのようにまとめているのかな。

**子ども**　18段落①文の「事実や事象をまっすぐに受け止め、『なぜ』と問い、平らかな気持ちで検証し」は、15段落③文「固定観念を取り払ったところから」や、15段落④文「身近にある奇跡に目を留めて、『なぜ』と問う」と同じことをおおまかにまとめています。

**子ども**　18段落①文「真実に一歩でも近づこうとする人間の営み」は、16段落④文「この世の謎を解き明かしたいと思う人々が」「次の世代へとバトンをつなぐ」「歴史の上に成り立っている」をまとめていると思います。

**子ども**　18段落②文「真実を理解したいと願う心の動き」はさらに17段落⑥文「科学を、信じるものとしてではなく、理解するものとして見つめなければならない」の意味を含んでいるし、①②文で15～17段落をまとめていると思います。

15段落～17段落は具体的な記述が多く、まだ検討の過程といえるが、18段落はより総括的なまとめとなっていることに気づいていった。

## 4　構成・構造よみの授業で「深い学び」を実現する

「科学はあなたの中にある」の構成・構造よみの授業では、「『結び』はどこか」を追究することをとおして、以下のような「深い学び」が生まれた。

一つめは、「序論」や「本論」との対応関係だけでなく、述べられ方が具体的な論証なのか、総括的なまとめなのかの違いを読みとることができた。

二つめは、「文章全体と部分」「具体と抽象」など、段落相互や文相互の関係が見え始め、第二読の「論理よみ」をするうえでのめやすにもつながった。

三つめは、2～15段落の「二つのエピソード」に比べて、16～17段落の具体例（「相対性理論」「ヒッグス粒子」「原子爆弾の恐怖」「原子力発電所の事故」など）の説明不足等、「吟味よみ」の観点も見えた。

説明文・論説文の構成・構造を読む授業は、「深い学び」を生み出しつつ、「言葉による見方・考え方」を具体的に身につけさせるものになっている。

【説明文・論説文の授業で「深い学び」を実現するための方法─言葉による見方・考え方を育てる】

# 7　説明文・論説文のロジック（論理）を読む授業で「深い学び」を実現する

## ──教材「生き物はつながりの中に」（小6）を使って

岸　あゆり（神奈川県・北鎌倉女子学園中学校高等学校）

### 1　説明文・論説文における「深い学び」

説明文・論説文は、読み手に情報や知識を伝えたり、主張や仮説を説得するための文章である。そのために情報と情報を結び合わせて因果関係を述べたり、対比させたり、まとめたりといったさまざまな論理を使っている。だから説明文・論説文において書き手の説得の論理を読み解くことは大切である。

では具体的にはどのように指導していけばよいのだろうか。「学習指導要領解説・総則編（小学校）」では「深い学び」の実現のために、「児童が各教科等の特質に応じた『見方・考え方』を働かせながら、知識を相互に関連付けてより深く理解したり、情報を精査して考えを形成したり、問題を見いだして解決策を考えたり、思いや考えを基に創造したりすることに向かう過程を重視した学習の充実を図ること（傍線部は岸）」と述べられている。分析的・批判的に読むことはもちろんであるが、子ども自身が「見方・考え方」を働かせるということが求められているのがわかる。では、子ども自身が言葉への「見方・考え方」をもつためにはどうすればよいのか。

「読み」の授業研究会では説明文・論説文の指導過程を「構造よみ」「論理よみ」「吟味よみ」の三段階で考えている。本稿のテーマである「論理よみ」では、「柱」という中心的な段落や文を見極めることを通じて、作品の論理の組み立てを分析する視点を養っていく。柱を探す中で子どもは言葉の「見方・考え方」を働かせるのである。論理よみは子ども自身が言葉への指標をもつという意味で、「深い読み」と重なっているのである。

これまでも論理を読む授業は行われてきた。たとえば、要約をして筆者の主張をおさえていく授業もあった。しかしなぜそこが要約で取り上げられるのかという肝心の理由が不明瞭なままであった。もしくは文章によって指標がバラバラであった。それでは子どもが言葉への「見方・考え方」をもてたかどうかは疑問が残るのである。

本当に大切なのは、いずれは子どもが自力で論理を読み解くための「見方・考え方」を身につけるための授業である。そのためにはすべての文章に適用できる指標を使っていくことが必要である。それこそが「深い読み」を子どもの中に生み出していく。教師の発問や指示によりかかって論理を読んだり、要約する箇所を探したりする授業ではいけないと考えている。

## 2 論理よみの授業展開

私は「読み」の授業研究会の「柱」という概念を使って、説明文・論説文の指導をしている。柱という概念を私は次のように教えている。——たとえば、家はいくつかの太い柱によって全体が支えられている。一つでも柱を失えば家はバランスを崩す。柱とは、なくてはならない文章全体の骨格なのである。

なぜそこが柱といえるのか、その問いに答えるためには言葉に着目することが必要になってくる。柱を探すことを通じ、言葉への意識が高まり、深い学びへの道が開かれるのである。

柱を探す際に、次のような柱の指標を子どもと教師で共有する。[1]

| | |
|---|---|
| 柱 | まとめている・結果・帰結・答え |
| → 柱でない | 詳しい説明・例 |
| | 理由・原因・条件・前提 |
| | 補足・問い |
| 柱 ＝ 柱 | 並列・対比・選択 |

はじめはいくつかの簡単な文を提示して、柱探しの練習を行う。たとえば「①体育祭は中止になりました。②雨が降ったからです。」など教師が作った文を示してい

る。簡単な文で柱を探すことを通して、指標を使いこなすことに慣れていくのである。（柱は①である。）

「読み」の授業研究会では説明文・論説文の論理よみの指導を次のような手順で行っている。(2)

①「はじめ」「なか1」「なか2」………「おわり」それぞれについて「柱の段落」を決定する。
←
②それぞれの柱の段落の中の「柱の文」を決定する。
←
③柱の文の指示語の部分を補ったり、例を外したりして柱の言葉を決定する。結果として要約が得られる。

構造よみで読みとった「はじめ」「なか」「おわり」という構成を土台にして、柱という骨格を見定めていく。また、スモールステップを踏み、段階的に指導していくとよい。はじめは短文で柱を探す練習をする。次に、たとえば「なか1」だけから柱の段落と柱の文を探していくようにする。論理は目には見えないが、柱を探すことを通して子どもは論理というものをイメージできるようになってくる。柱探しは目に見えない論理をイメージするための仕掛である。

## 3 「生き物はつながりの中に」の教材研究

### (1) 「生き物はつながりの中に」について

「生き物はつながりの中に」（中村桂子）は光村図書の小6の教科書に載っている、生き物の特徴について書かれた論説文である。本文の冒頭を引用しよう。

> イヌ型ロボットを知っていますか。生き物であるイヌの様子をよく観察して、そっくりな動きをするように工夫して作ってあります。体内にコンピュータが入っていて、持ち主の声に応えてしっぽをふるなど、とてもかわいいものです。でも、ロボットのイヌは本物のイヌとはちがいます。どこがちがうのでしょう。そのちがいを考えながら、生き物の特徴をさぐってみましょう。

筆者は、生き物の特徴を探るために、生き物の例として「イヌのチロ」と「あなた」を出し、生き物でないものの例として「ロボット」を挙げる。そして生き物の特徴として「つながり」を指摘している。科学的な内容でありながら、読者の体験に訴えかけつつ、独自の主張を展開するところが興味深い文章である。

## (2) 構造よみ

構造よみでは文章を「はじめ・なか・おわり」の三部構成に分ける。構造表は下段の通りである。

1段落には「生き物の特徴をさぐってみましょう。」という文章全体に関わる問題が提示されている。ここでは「～か。」という疑問の形をとってはいないが、「生き物の特徴とは何か」に言い換えることができるので問題提示と考えた。問題提示に対する答えを探っていくと筆者が三つの「つながり」を挙げていることがわかる。2・3段落が一つ目の「つながり」、4段落が二つ目の「つながり」、5段落が三つ目の「つながり」である（なか）。その三つのつながりを6・7段落でまとめている。

## (3) 論理よみ

ここで「はじめ」と、この後授業実践を紹介する「なか1」に絞り検討する。

### ① 「はじめ」

6文に「その違い（イヌとロボット・岸注）を考えながら、生き物の特徴をさぐってみましょう。」がある。これが文章全体を貫く問題提示となる。「はじめ」の柱の段落は1段落、柱の文は6文である。

### ② 「なか1」

段落関係を見ていくと、2段落は呼吸や循環を取り上

| はじめ | なか | | | おわり |
|---|---|---|---|---|
| 1 | 2―5 | | | 6―7 |
| | 2―3 | 4 | 5 | |
| 問題提示<br>生き物の特徴とは何か | なか1（問題に対する答え）<br>外から取り入れたものが自分の一部になるのが生き物の特徴 | なか2（問題に対する答え）<br>一つの個体として時間をこえてつながっているのが生き物の特徴 | なか3（問題に対する答え）<br>過去や未来の生き物とつながっているのが生き物の特徴 | まとめ<br>つながりこそが生き物の特徴 |

げ、イヌとロボットは「本当に同じでしょうか」（9文）という問いを投げかけている。それに対して答えを出している段落が3段落である。特に最後の10文「外から取り入れたものが自分の一部になる、そのようなつながり方で外とつながっているのが、生き物の特徴です。」が答えをまとめている。問いと答えでは当然答えの部分が柱の段落にあたる。3段落が柱の段落である。

3段落は次のとおりである。

> 3 ①あなたが飼っている犬のチロが、とり肉を食べたと考えてみましょう。②肉は、主としてたんぱく質からできています。③タンパク質は、チロの胃で分解されてアミノ酸という物質になります。④そして、腸のかべから吸収され、血管を通ってチロの体全体に運ばれて、そこで再びタンパク質に組みかえられます。⑤ここで作られるのは、チロの体を作るタンパク質であって、ニワトリのものではありません。⑥あなたも生き物ですから、あなたが昨日食べたカレーライスのぶた肉は、あなたの体を作るタンパク質に変わって、今あなたの一部として働いています。⑦つまり、外から取り入れたものが自分の一部になるのが生き物なのです。⑧ロボットの場合、電池がイヌの体に変わることは決してありません。⑨電池は電池、ロボットはロボットです。⑩外から取り入れたものが自分の一部になる、そのようなつながり方で外とつながっているのが、生き物の特徴です。

3段落は、まず1文～6文でイヌのチロを例に、食べた肉のタンパク質が胃で分解されアミノ酸になり、腸から吸収され血管を通りチロの体のタンパク質になる過程を述べている。それを、7段落が「つまり、外から取り入れたものが自分の一部になるのが生き物です。」と一度とまとめる。次に8文・9文でロボットを取り上げ、こちらは「電池がイヌの体に変わることは決して」ないと生き物との違いを強調する。そして、最後の10文で「外から取り入れたものが自分の一部になる、そのようなつながり方で外とつながっているのが、生き物の特徴です。」と「つながり」を付け加えつつまとめ直す。10文が柱の文である。

10文が柱であることがわかることも大切だが、それ以外の文がそのように10文をサポートしているかを把握することも大切である。

「生き物はつながりの中に」は生き物の特徴は何かと

いう問題提示に対して、三つの「つながり」という答えへ導いていくという形をとっている。

それにしても「生き物」の特徴が「つながり」というのは一見突飛な見解で納得しがたい。ふつうなら「命」などの答えが挙がってきそうである。「つながり」とは挙がってこないはずだ。書かれていることを当たり前と受け取る前に、その意外性に目を向けておく必要がある。しかしなぜ当たり前だと思ってしまうのだろうか。

それは筆者が自分の考えを効果的に読み手に伝えるために、様々な論理を使って、読み手を説得しているからである。たとえば具体例を出したり、生き物を生き物でないものと対比させたりしていた。その説得の論理を読み解くことこそが深い学びにつながるのである。

## 4 「生き物はつながりの中に」の論理よみの授業

中学校の論説文への導入としてこの教材を使うことにした。このクラスは中学1年から授業を担当してきたので、論説文の読み方は一通り身についている。しかしまだ、論理よみには慣れていない。そのため短文で柱を探す練習をしてからこの教材の授業を行った。

日時：二〇一八年五月一七日（木）1時限
対象：北鎌倉女子学園中学校中学3年桜組（22名）
指導計画：表層のよみ　1時間
　　構造よみ　2時間
　　論理よみ　4時間（うち2時間目：本時）
　　吟味よみ　1時間

「生き物はつながりの中に」の「なか1」の論理よみの授業である。「なか1」の柱の段落が3段落で、柱の文が10文であることは、構造よみで触れてある。

本物のイヌとロボットのイヌを対比させながら、論理を展開しているのが特徴である。また、具体例をところどころで抽象化する工夫もある。これらをまだ論理よみに慣れていない子どもに、スモールステップを踏んで論理展開をつかませたいと考えた。

**教師①**　では3段落の論理よみをしてみましょう。柱の文はどれだった？　前回確認したのでみんなで声に出して言ってみましょう。さんはい。
**子ども**　10文。
**教師②**　なぜそこが柱の文でしたっけ？　Aさん、どうぞ。

子ども　序論の答え。問題提示の答えになっているから。

教師③　そうでしたね。では10文以外の文が、なぜ柱の文ではないのか、考えてみましょう。まず、第7文に注目してください。「つまり」と書いてあるけど、「つまり」ってどういう役割をする接続語でしたか？

子ども　まとめる役割。

教師④　そうですね。ではここで問題です。第7文の「つまり」はどこからどこまでの文をまとめているんですか？　4分間あげるから各自のシンキングタイムにします。どうぞ。

ここでは「つまり」をきっかけに、説明とまとめの関係を理解させたいと考えた具体と抽象でもある。

教師⑤　はい、そこまで。では班で話し合いの時間にします。時間は5分間で。終わった班は黒板に意見を書きに来てください。

どんな意見が出るか気になったので、黒板に意見を書かせた。すると「1～6文」「2～6文」「3～5文」の意見が出てきた。

教師⑥　はい、そこまで。では一番多い第1～6文の班の意見を聞こう。1班さんはなぜそう思った？

子ども　とり肉やぶた肉を食べたと書いてあるからそこらへんのことをまとめているんだと思います。

教師⑦　なるほど。1～6文に書いてあるからね。さらに「つまり」の後ろに目をつけて説明できる人はいませんか？

子ども　「外から取り入れたものが自分の一部になる」はまとめていると思う。

教師⑧　「外から取り入れたもの」とは何をまとめた表現なの？

子ども　とり肉。

子ども　あとカレーライスのぶた肉。

教師⑥のあとの子どもの発言では「まとめている」としか出なかったが、どこを「まとめているのか」と問い直すことで、文相互の関係に着目させたいと考えた。

教師⑨　具体例を「つまり」でまとめているんだね。他に「つまり」の後ろにもう一つ根拠があります。

子ども　「生き物」？

**教師⑩** 生き物って詳しくいうと誰と誰のこと？　一つは「誰」はおかしいんだけど。
**子ども** イヌのチロ。
**子ども** あなた。
**教師⑪** 「チロ」と「あなた」を第7文で「生き物」とまとめているんだね。

次に生き物と生き物ではないものの対比を読みとらせたいと考えた。

**教師⑫** では1～7文と8～9文はどんな関係？
**子ども** 対比している。
**教師⑬** どこからそう思った？
**子ども** 1～7文までが生き物のことで、8～9文は生き物ではないロボットのことだから。
**教師⑭** そうですね。筆者は生き物と生き物ではないものを対比させているんですね。対比させることによって何が際立つんですか？
**子ども** 生き物と生き物ではないものの違い。
**子ども** 生き物の特徴。

具体・抽象や対比は、筆者が読み手を説得するための論理であることを学ばせた。言葉に着目して筆者の説得の論理を分析的に読むことが深い学びにつながる。

## 5　おわりに

「柱の段落の中の論理展開を言ってごらん」と促しても、子どもから「1文から6文までを7文がまとめていて……」などとはスラスラと挙がってこないことがある。柱の段落の論理展開に読み解きたい時には、具体的な言葉を取り上げて、言葉と言葉の関係を詳しく検討していくのである。その際に子どもと教師が共有している指標を使うことが重要である。

子ども自身が言葉に対する見方・考え方をもち、分析できるようになることが深い学びにつながる。文章の説得力の秘密を解き明かし、批判的に読むことができるようになる。その力は子ども自身が文章を書くときにも活かされてくる。

**注**

（1）（2）「読み」の授業研究会『国語力をつける説明文・論説文の「読み」の授業』二〇一六年、明治図書出版

【説明文・論説文の授業で「深い学び」を実現するための方法―言葉による見方・考え方を育てる】

# 8　説明文・論説文の吟味・批判の授業で「深い学び」を実現する
## ――教材「想像力のスイッチを入れよう」（小5）を使って

渡邉絵里（福岡県久留米市立諏訪中学校）
熊添由紀子（福岡県八女市立黒木中学校）

## 1　説明的文章の「吟味・批判」の指導

### (1)　新学習指導要領における「吟味・批判」の扱い

小学校・中学校の新学習指導要領が二〇一七年に公示された。今回の改訂では「主体的・対話的で深い学び」の実現に向けた授業改善を進めることが示されている。

新学習指導要領の国語の「C読むこと」の指導事項には「学習過程」の「精査・解釈」や「考えの形成」「共有」などが示されている。それは、読み研がこれまで提案してきた説明的文章の「吟味・批判」に通じるものがある。

新学習指導要領の『解説・国語編』を見ると、「精査・解釈」は、小学校では「文章の内容や形式に着目して読み、目的に応じて意味付けたり考えたりすること」とある。中学校では「文章の内容や形式に着目して読み、目的に応じて必要な情報を見付けることや、書かれていること、あるいは書かれていないことについて、具体的に想像すること」とある。

「考えの形成」については、小学校では「文章の構造と内容を捉え、精査・解釈することを通して理解したことに基づいて、自分の既有の知識や様々な体験と結び付けて感想をもったり考えをまとめたりしていくこと」とある。中学校では「文章の構造と内容を捉え、精査・解釈することを通して理解したことに基づいて、自分の既有の知識や様々な経験と結び付けて考えをまとめたり広げたり深めたりしていくこと」とある。

「共有」は、小学校では「文章を読んで形成してきた自分の考えを表現し、互いの考えを認め合ったり、比較して違いに気付いたりすることを通して、自分の考えを広げていくこと」とある。中学校では「小学校において身に付けた力を生かし、自分の考えを他者の考えと比較して共通点や相違点を明らかにしたり、一人一人の捉え方の違いやその理由などについて考えたりすること」とある。（以上、小中ともに三七〜三八頁）

まず「考えの形成」では、「文章の構造と内容を捉え、精査・解釈することを通して理解したことに基づいて」とある。これは、文章の構成・構造や論理関係の把握（読み研で言うところの「構造よみ」や「論理よみ」）をしっかり行うことが「吟味・批判」の前提となることを明記している。それに続いて「自分の既有の知識や様々な体験と結び付けて考えをまとめたり広げたり深めたりしていく」と述べる。これは、「読み」の授業研究会で言うところの「吟味よみ」にあたる部分である。

また、「共有」では、学習集団における「対話」の有効性を明記している。「自分の考えを他者の考えと比較して共通点や相違点を明らかにしたり」や「一人一人の捉え方の違いやその理由などについて考えたり」など、学習集団での論議を通すことで、さらに一人一人の考えを広げ深める「深い学び」を実現することの重要性が書かれている。

## (2) 説明的文章の「吟味・批判」の重要性

説明的文章の「吟味・批判」の指導は、「1構造よみ」「2論理よみ」の後に「3吟味よみ」として位置づく。吟味よみは、構造の読み、論理の読みを生かしながら行っていく。吟味よみには、「評価的吟味」と「批判的吟味」の二つがある。「評価的吟味」は説明的文章の優れた点を評価する読みであり、「批判的吟味」は不十分な点を批判する読みである。

評価的吟味では、構成・構造上の工夫や論理関係の工夫を発見させる。そして、批判的吟味では、語句や表現、事実の提示や取捨選択、根拠・解釈・推理の述べ方、事柄相互の整合性などに着目させながら、不十分な点を発見させていく。たとえば「述べられていることがら相互にズレや不整合・矛盾はないか」「あいまいな表現で説得力に欠けるところはないか」「因果関係の記述に無理はないか」「筆者にとって都合の良い事実の切り取り方がされていないか」「論の展開に許容できない飛躍はないか」等の方法で読んでいく。

吟味は、受け身で文章をとらえるのではなく、言葉による見方・考え方にこだわりながら、文章を主体的に読むことの鍵となる。また、学習集団での対話を生かすことで、より学びを深くしていくことができる。

## 2 「想像力のスイッチを入れよう」の吟味・批判の授業
### ―教材の概要と前提となる文章構造

### (1) 教材の概要

光村図書小5の教材「想像力のスイッチを入れよう」は、ジャーナリストの下村健一が書いた論説文である。

メディアリテラシーに関わって、切り取られた情報をどのように受け止めるのかを提起する。情報を受け取る側が思いこみを減らすためには、頭の中で「想像力のスイッチ」を入れてみることが大切だと述べる。

おおよそ次のような内容である。

序論は、「思いこみを減らすため、わたしたちは、あたえられた情報を事実の全てだと受け止めるのではなく、『想像力のスイッチ』を入れてみることが大切だ。」と結論を含みつつ話題提示を行う。

そのうえで本論1は「『想像力のスイッチ』を入れることでまず大切なのは、メディアが伝えた情報について、冷静に見直すこと（事実か印象か考えてみること、他の見方がないか想像すること）である。」と述べる。

本論2は「『想像力のスイッチ』を入れることで次に大切なのは、メディアが伝えていないことについても想像力を働かせることである。」と述べる。

本論3は「『想像力のスイッチ』でいちばん大切なのは、結論を急がないことである。」と述べる。

結びでは、再び「想像力のスイッチ」を入れることの大切さが述べられる。

比喩表現や身近な例や図形を使い、子どもが興味をもつことができ文章になっている。

### (2) 指導計画（七時間）

第1時　表層のよみ

①語句指導　②漢字指導　③音読指導等

第2～3時　構造よみ

①全文を「序論」「本論」「結び」に分ける

②「本論」を三つに分け小見出しをつける。

第4～6時　論理よみ

①「序論」「本論1」の要約文を書く。

②「本論2」「本論3」「結び」の要約文を書く。

③四つ要約文の論理関係をとらえ、要旨をまとめる。

第7時　吟味よみ

### (3)「想像力のスイッチを入れよう」の文章構造

この文章の構造は下段のようになる。

構造よみでは、序論は話題提示の役割だが、「想像力のスイッチ」を入れてみようと述べている部分があるので、一部結論的なことを述べているとも読める。

本論1～3ではそれぞれ「想像力」の中身が具体例とともに述べられる。結びで結論として「想像力のスイッチ」を入れるべきことが述べられる。

これらの丁寧な読みとりが、後の吟味よみのところで生きる。特に本論で述べられていることがらが本当に「想像力のスイッチ」と言えるのかどうかという批判的吟味につながるからである。

| 序論 | 本論 | | | 結び |
|---|---|---|---|---|
| 1―6 | 7―14 | | | 15―16 |
| | 7―10 | 11 | 12―14 | |
| 話題提示（一部「結論」を示す） | 本論1（他の見方がないか考える） | 本論2（伝えてないことを想像する） | 本論3（結論を急がない） | 結論（想像力のスイッチを入れる） |

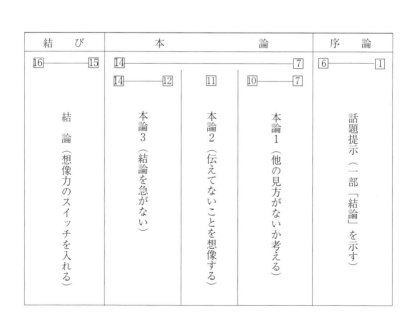

## 3 「想像力のスイッチを入れよう」の吟味・批判の授業で「深い学び」を実現する

### (1) 「想像力のスイッチを入れよう」の評価的吟味

「構成・構造上の工夫」や「論理関係の工夫」に着目させると、次のような「評価的吟味」が考えられる。この文章で特に評価できる点は、次の四点である。

①序論に結論的な話題提示があるので、これから何を述べるのか（論述の方向性）が明確である。また、結びに明確に結論が述べられているのでわかりやすい。こういう論じ方を「双括式」という。

②情報についてのメディアリテラシーについてはよく耳にするが、メディアからの情報を適切に受け止めるためのより具体的な方法を示している点が新鮮である。

③マラソン大会や図形や報道の具体的な例が述べられているので、理解がしやすく説得力がある。

④題名の「想像力のスイッチ」や「あたえられた小さいまど」「小さい景色をながめる」など、比喩表現が使ってあるので読者の興味をひく。

### (2) 批判的吟味

批判的吟味については、次の指標に基づいて検討する。

| |
|---|
| 語句や事柄相互にズレなどはないか |

| |
|---|
| 示されていることがらが、現実と対応しているか |

この文章は構造よみや論理よみで見てきたように、序論の「想像力のスイッチ」を入れることを、本論1、本論2、本論3でくわしく説明している。しかし、よく読んでみると、本論で書かれている四つの説明ははたして「想像力のスイッチ」と言えるのかを検討させる。そこで、次の課題を設定した。

| |
|---|
| 筆者は「想像力のスイッチ」を入れることについて、本論1～3でくわしく説明しているが、その説明に納得できるか。 |

検討すべき点は、次の3点である。

**① 本論1についての吟味**

筆者は本論1（8段落）で次の報道の具体例を挙げる。

「Aさんは、報道陣をさけるためか、うら口からにげるように出ていきました。」

そして、それについて次のように述べている。

このように、想像力を働かせながら、一つ一つの言葉について、『事実かな、印象かな。』と考えてみることが大切である。このレポートから、印象が混じっている可能性のある表現を取りのぞくと、結局、確かな事実として残るのは、「Aさんは／うら口から／出ていきました」という言葉だけになる。

筆者はこの前の部分で、「うら口から出たのは、その方向に行く必要があったかもしれない」や「急がなければならない理由があったのかもしれない」と考えることを「このように、想像力を働かせながら」と述べる。

確かにそのように考えることも「想像力」でないとはいえるかもしれないが、表現として違和感があることも否めない。筆者は8段落のはじめで「情報について、冷静に見直すこと」の大切さを述べている。ここで強調すべきは「想像力」というより「冷静に見直すこと」である。この場合、必要なのは、筆者も言うとおりレポーターの印象が報道に含まれていること、他の解釈可能性があることに留意することである。それを「想像力」という言い方で一括りにすることは、文章の表題に合わせる必要があったにしても、やや違和感がある。

一方で誰が見ても「報道陣をさけ」ているように見えたし、「にげるよう」と言っていいような様子であったという可能性もないとは言いきれない。仮にそうであったとしても、Aさんが次の監督になる証拠としては不十分すぎる。ここで必要なのは、「想像力」というより、思い込みを避け、冷静に他の解釈可能性があることに留意することである。

また、筆者は「Aさんが次の監督になると判断する材料は何もない。」と言い切っているが、すでに「Aさんが新しい監督になるのではないかと注目が集まっている。」とも書かれている。こういう「注目」があり、裏口から出るという出来事があった以上、可能性があるくらいは推測してもいいはずである。「材料は何もない」とまでは言い切れないはずである。

**②本論3についての吟味**

本論3（12段落）で筆者は次のように述べる。

最後に、いちばん大切なのは、結論を急がないことである。世の中の出来事には、さまざまな見方がある。新しい情報を聞けば聞くほど、想像力のスイッチが入れば入るほど、だんだんと多くのことが見えてきて、少しずつ事実の形が分かっていく。

「結論を急がないこと」は、「想像力を働かせる」ことの一部と言っていいのであろうか。「結論を急がない」は想像力というよりも、結論を出すまでに時間をかけるということである。筆者は、題名や序論・結びを「想像力のスイッチを入れよう」でまとめるあまり、「想像力」ではないものも「想像力」でまとめてしまったと考えられる。

さらに、同じく12段落の「新しい情報を聞けば聞くほど、想像力のスイッチが入れば入るほど、だんだんと多くのことが見えてきて、少しずつ事実の形が分かっていく」という文も違和感がある。確かに「新しい情報を聞けば聞くほど」「だんだんと多くのことが見えてきて、少しずつ事実の形が分かっていく」は納得できるが、「想像力のスイッチが入れば入るほど、だんだんと多くのことが見えてきて、少しずつ事実の形が分かっていく」については、本当にそのとおりなのか。筆者の説明によると「想像力のスイッチ」とは、「メディアが伝えた情報について、印象が混じっている可能性のある表現を取りのぞいて事実のみを残し、他の見方もないか考え、メディアが伝えていないことについても想像力を働かせ、結論を急がない」ことであるが、これらをどれだけ積み重ねても、「だんだんと多くのことが見えてきて、少しずつ事実の形が分かっていく」ことにはならないのではないか。示されている事柄が現実とは対応していない。

## 4 「想像力のスイッチを入れよう」の授業実践

熊添が「想像力のスイッチを入れよう」を教材として吟味・批判の指導を行った際の授業の記録である。

二〇一八年六月七日（木）4時限
福岡県八女市立黒木中学校
1年1組（男子17名・女子12名、計29名）
授業者：熊添由紀子

**教師①** 前時は、評価的吟味について考えました。今日は批判的吟味をします。筆者は「想像力のスイッチ」

を入れることについて、本論1～3でくわしく説明していますが、その説明にあなたは納得できますか？納得できる場合は○、納得できない場合は×、どちらとも言えない場合は△で評価し根拠を書いてください。

> 一人一人で考えた後、学習グループで検討をする。その間、教師は助言を打っている。

**教師③** では、発表してください。

**子ども** 「一つ一つの言葉について事実か印象か考えてみる」というのは言葉を区別するということであって、想像力とは少し違うと思います。

**子ども** 「印象が混じっている可能性のある表現を取りのぞく」とあるのも、言葉を分けるということだと思います。

**教師④** 筆者は「想像力のスイッチ」という言葉でまとめるが、言葉を分析し区別することとは少し違うのではということですね。では、次に本論3です。

**子ども** 筆者は「結論を急がないこと」と述べていますが、これも想像力を使うこととは違うと思います。

**子ども** もう一つあります。「想像力のスイッチが入れば入るほど、少しずつ事実の形が分かっていく。」とあるけど、いくら想像力を働かせても事実はわからないので違うと思うからです。

> 吟味よみでは、出された吟味の意見を自分たちで再度吟味するようにしている。それを学習集団で行うことで、読みがより鋭くなっていく。

Ⅱ 「深い学び」「言葉による見方・考え方」を実現するための教材研究の方法とスキル

# 1 物語・小説の「作品構造」の教材研究をきわめるための方法とスキル

大庭 珠枝（秋田県総合教育センター）

## 1 「深い学び」と「見方・考え方」について

二〇一七年に告示された小学校学習指導要領（総則）において、「見方・考え方」は、学びの過程で「鍛えられていく」ものであると述べられている。また、「学びの深まりの鍵となる」ものであり、「学びの過程の中で働かせることを通じて、より質の高い深い学びにつなげることが重要である」とも述べられている。

つまり、学びの過程の中で鍛えられてきた「見方・考え方」を、次の学びの過程の中で働かせることが「深い学び」の実現につながる。その過程の中でさらに「見方・考え方」が鍛えられ、互いを支え合い伸ばし合うような関係にあるととらえられる。

## 2 「言葉による見方・考え方」について

「言葉による見方・考え方」について『小学校学習指導要領解説・国語編』（二〇一七年）では次のように述べられている[1]。（傍線は大庭）

言葉による見方・考え方を働かせるとは、児童が学習の中で、対象と言葉、言葉と言葉との関係を、言葉の意味、働き、使い方等に着目して捉えたり問い直したりして、言葉への自覚を高めることであると考えられる。（中略）言葉で表される話や文章を、意味や働き、使い方などの言葉の様々な側面から総合的に思考・判断し、理解したり表現したりすること、また、その理解や表現について、改めて言葉に着目して吟味することを示したものと言える。

すべて、これまで授業実践の中で大事にしてきたことばかりである。つまり、まったく新たな取り組みが求められているのではなく、「言葉による見方・考え方」を働かせ鍛えるような授業づくりへの一層自覚的な取り組みが求められているものと考える。

そのための核となるのが教材研究であることはいうまでもない。まずは教材を丁寧に読み込み、「この教材でどのような資質・能力を育てることが可能なのか」「そのために、どのような授業展開にしたらよいのか」「『深い学び』を目指す上で、子どもたちに働かせたい『言葉による見方・考え方』にはどのようなものがあるのか」等、実際の授業イメージへとつなげていく作業なくして、「言葉による見方・考え方を働かせた深い学び」の実現はあり得ない。

## 3　物語・小説の「作品構造」をつかむことについて

物語・小説における教材研究の第一段階として欠かせないのが、作品構造をつかむことである。指導過程における「構造よみ」の段階とちょうど重なる。

構造よみは、作品全体を俯瞰する読みである。全体の組み立て（構成）を読んだり、内部の要素の関係性（構造）を「クライマックス」に着目して読んだりすることにより、部分と全体の関係を読むことでもある。

そのためには「言葉の様々な側面から総合的に思考・判断し、理解」しなければならない。つまり、構造よみは「言葉による見方・考え方」を働かせることにつながる。そして、クライマックスに着目することで、人物相互の関係性やものの見方・考え方の変化、伏線等の仕掛けなどが見えてくる。その意味で構造よみは「深い学び」にも直結するものといえる。

## 4　物語・小説の「作品構造」の教材研究の方法

### (1)　構成・構造の典型を押さえる

まずは、構成・構造の典型として、「導入部―展開部―山場（クライマックスを含む）―終結部」という四部構成・構造について確認しておきたい。

「導入部」は事件展開前に人物紹介などを行う部分である。その後、事件が展開するが、一進一退の展開がある前半が「展開部」、人物相互の関係や人物の見方、行動がより大きく変化する後半が「山場」である。そして、「終結部」では後日譚や語り手の解説等が示される。[2]「クライマックス」は、「山場」の中で、特に事件の関係性が決定的となったり関係性に意外な逆転がもたらされたりする部分である。

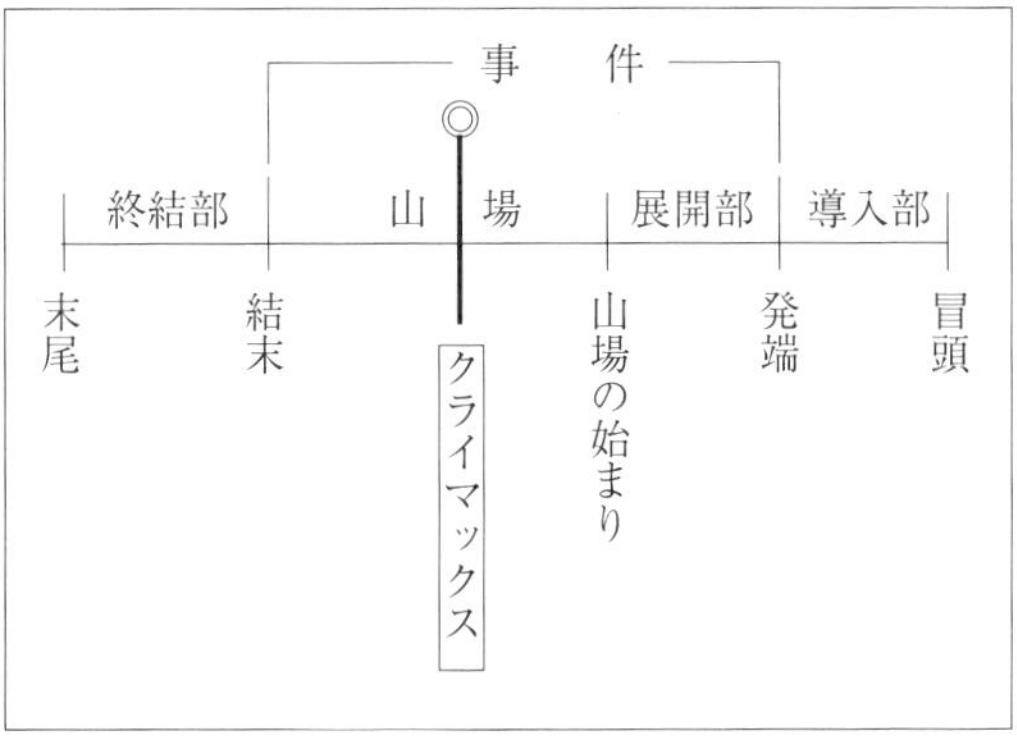


この俯瞰的な視点は「言葉による見方・考え方」の一つであり、「深い学び」の実現のために欠かせない。

教材研究の方法としてまとめると次となる。

**教材研究の方法①**　典型構成を踏まえたうえで、導入部や終結部のない「三部構成」、導入部も終結部もない「二部構成」、またクライマックスが事件の終わり（結末）になる作品もあるということを頭に入れておく。四部構成を基本としながらも、さまざまなパターンがあるという前提で作品全体を俯瞰しながら読む。

### (2)　「発端」を見つける

構成・構造をつかむうえで特にポイントとなるのが、導入部から展開部へ移る「発端」の部分と、「クライマックス」の部分である。

発端に着目する際の有効な方法として、阿部昇は次のような指標を示している。[3]

1　主要な事件がそこから始まる
2　主要な人物がそこで出会う
3　日常とは違ったことがそこから起きる
4　説明的な書かれ方から描写的な書かれ方に変わる

これらのいくつかが複合的に重なっているのが発端であるが、私は特に「2」と「4」を意識して読むようにしている。

**教材研究の方法②** 主要な人物との出会いは、主要な事件の始まりとリンクする。それにより、事件の大きな枠組みが見えてくる。
また、導入部での説明的な人物紹介から、ある日ある時のリアルタイムの様子の描写へと変化する部分は、「住んでいました。」などの述語表現に着目していくとわかりやすい。

これまで物語・小説の授業では、指標4にある説明的な書かれ方と描写的な書かれ方との区別をきちんと指導してこなかったのではないだろうか。しかし、この二つの見分けができるようになることで、物語・小説の高度な仕掛けに着目でき、それが「深い学び」につながる。そして、それは教師自身の「教材研究の方法・スキル」にもなりうるものと考える。

### (3) 「クライマックス」を見つける

「クライマックス」に着目する際の有効な方法として、阿部は次のような指標を示している。[4]

1 事件がそこで決定的となる
2 読者により強くアピールする書かれ方になっている
3 作品の主題に強く関わる

これらのいくつかが複合的に重なっているのがクライマックスであるが、私は特に「1」を意識して読むようにしている。

**教材研究の方法③** クライマックスは、まずは「事件がそこで決定的となる」を手がかりに読む。
そのうえで少しずつ書かれ方、主題を意識する。

「1」は、子どもたちにもわかりやすい指標である。「事件」には、人物相互の関係性、人物の内面の葛藤、人物と状況との関係性などがあるが、[5]それらが決定的となる部分を見つけていくことは、「この作品の事件とは何か」を立ち止まって考えることにもつながる。
また、事件の決定的場面に着目するということは、それ以前の事件の全体像を意識するということである。これは、場面ごとにぶつ切りで読んでいた物語・小説の授業との決別を意味する。これによって、子どもたちは作品を俯瞰的にとらえられるようになる。また、常に作品の全体像との関係を意識し、構造的に読むことができるようになる。それによって「伏線」などの仕掛けが見えてくる。これはまさに「深い学び」につながる読みである。そして教師自身の「教材研究の方法・スキル」でもある。

さらに、クライマックスを見つけながら、子どもたちがクライマックスの候補として挙げそうな部分、迷いそうな部分も見つけるようにしている。自分でも一瞬迷う部分は子どもたちも確実に迷う部分であるし、自分が迷いなく決められた場合でも子どもの考えを予想しておくことは必要である。そのうえで、何箇所かで議論になった場合の解決のポイントを見いだしておく。

**教材研究の方法④** クライマックスの教材研究では、特に子どもたちが候補として挙げそうな部分、迷いそうな部分を予測しておく。

このような教材研究が、「この作品では、この指標が決め手になる」というポイントに子どもたちが話し合いを通して気づくことができるような「深い学び」を支えるものと考える。

## 5 「大造じいさんとガン」（椋鳩十）のクライマックス

特別な戦いは、一年目も二年目も大造じいさんの敗北に終わり、三年目を迎える。その三年目の始まり、「今年もまた――」からが「山場」になる。

クライマックスは、「大造じいさんは、強く心を打たれて――」である。大造じいさんの残雪に対する見方が大きく変容したとわかる部分であること（指標1に該当）、大造じいさんの感動がストレートに表現され読者も強く共感できる書かれ方であること（指標2に該当）が主な理由である。

大造じいさんの残雪に対する見方の変容を捉えるために、以前はどのように見ていたのかを、展開部前半と結びつけながら俯瞰的に読み直してみるとよい。「なかなかりこうなやつ」「いまいましく」「たかが鳥」等の見方からの変容が浮き彫りになる。

授業では、A「大造じいさんは、ぐっとじゅうを――」、B「大造じいさんは、強く心を打たれて――」、C「『おうい、ガンの英雄よ――』」との三箇所で議論になるものと

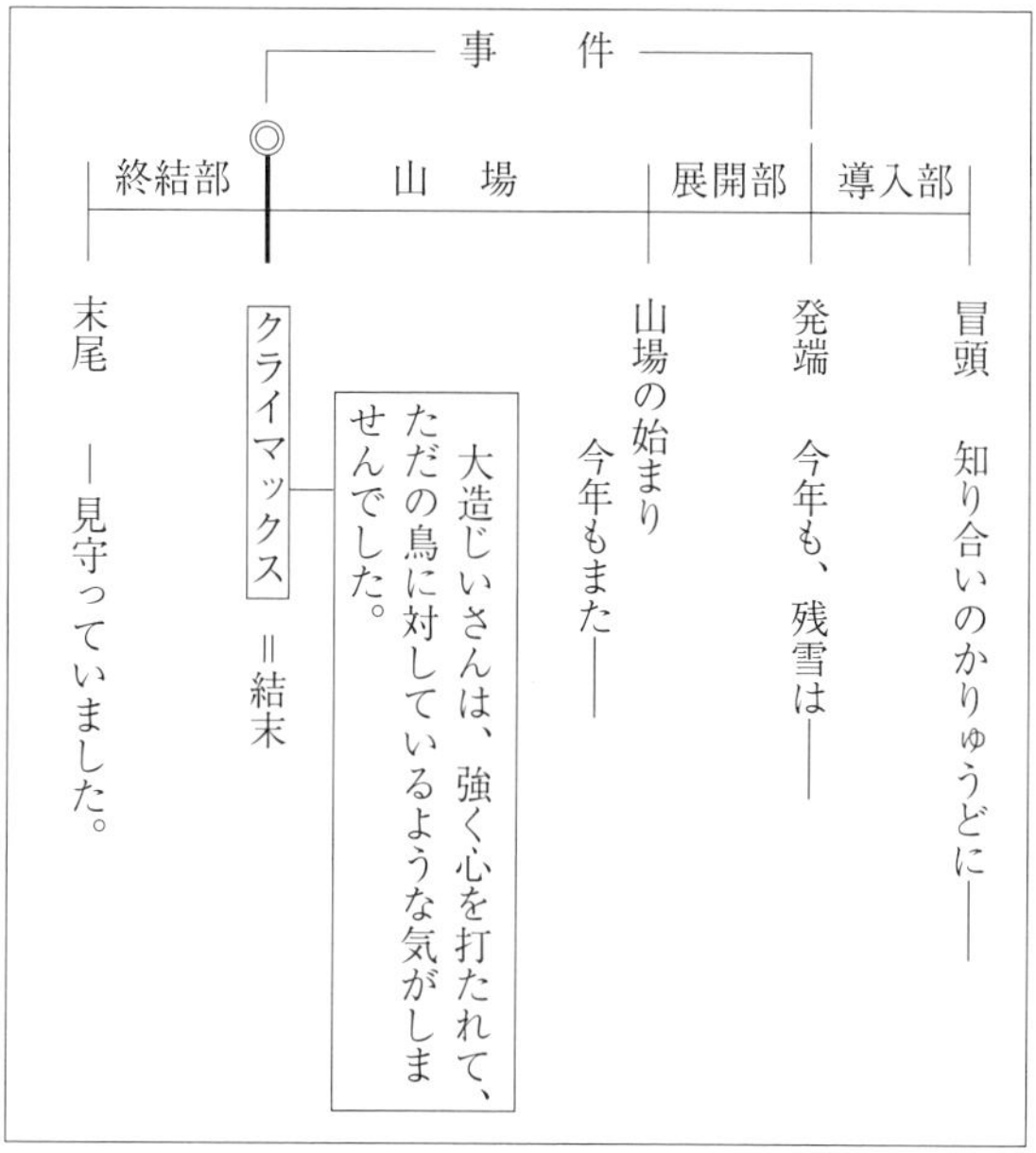


予想される。その場合の解決のポイントは、やはり指標1であろう。Aでは、大造じいさんは銃で残雪をねらったうえで、銃を下ろしている。この時点での残雪に対する見方と、その後のハヤブサとの戦いぶりや頭領としての威厳を感じさせるような姿を見たうえでの残雪に対する見方（B）とでは、後者の方がより大きく変容していることは明らかである。なお、Cは翌春の場面であり、後日譚（終結部）と見るのが自然であろう。このような教材研究が「深い学び」につながるものと考える。

**注**

（1）文部科学省『小学校学習指導要領解説　国語編』二〇一七年、東洋館出版社、一五四頁
（2）阿部昇『国語力をつける物語・小説の「読み」の授業』二〇一五年、明治図書出版、四三頁
（3）同右書、五五頁
（4）同右書、五八頁
（5）同右書、五八頁

# 2 物語・小説の「伏線と技法」の教材研究をきわめるための方法とスキル

熊谷　尚（秋田大学教育文化学部附属小学校）

物語・小説の隠れた「伏線」を読むことは、読書の醍醐味といってよい。また、優れた作家の優れた文章には、さまざまな表現上の「技法」がちりばめられており、それらが重層的な効果を生み出し、読み手に感動をもたらす。伏線や技法といった作品上の「仕掛け」に着目し、そこから何が読めるかを考えることは、新学習指導要領国語科の目標にある「言葉による見方・考え方を働かせ」ることに直結する。個々の異質な読みが、グループや学級全体での「対話」の中で関わり合うことによって、予想を超える新たな読みが生まれる。これこそが国語科における「深い学び」にほかならない。本稿では、小学校5年生の教材「わらぐつの中の神様」（杉みき子）を例に、「深い学び」につながる教材研究の一端を紹介する。

## 1 錯時法とそれに関わる伏線を探る

「わらぐつの中の神様」の主人公・マサエは、祖母からわらぐつにまつわる昔話を聞くことによって、ものの価値は外見ではなくその本質にあることに気づいていく。そして、その昔話に出てきたおみつさんと大工さんが、実は自分の祖母と祖父のことであったと知り、それまで以上に祖父母への愛情を深めていく。心がぽっと温かくなる読後感の残る作品である。

物語は大きく三つの場面に分けることができる。はじめは、マサエ・お母さん・おばあちゃんの三人がこたつに入っておしゃべりしている場面、次は、おばあちゃんが語る昔話の場面、そして再び最初のこたつの場面に戻る。第2の場面は、前後の場面と違う過去の回想である。

この作品のように物語や小説（ほかに映画など）の世界では、時間の流れが切断され、過去に戻ったり未来を先取りしたりすることがある。これは「錯時法」と呼ばれる技法である。第1の場面（現在）と第2の場面（過去）それぞれの登場人物とそれらの相関が第3の場面（現在）において種明かしされることにより、読み手に驚きと感動がもたらされる。また、第2の場面はそれ単独でも物語として十分に成り立つが、その前後にマサエの家庭の様子が描かれることによって、単なる昔話ではなく、現代につながる話としてより現実味が増す。読み手は、昔話の聞き手であるマサエに同化しながら物語全体を楽しむことができるのである。

後にも触れるが、第3の場面でおみつさんの正体が明かされるところがこの物語の「クライマックス」である。それがわかったうえで次の部分を読むと、これが伏線であることに気づくだろう。

> 今夜は、お父さんはとまり番で帰ってきません。おふろ好きのおじいちゃんは、「この寒いのに―。」とみんなに笑われながら、さっきおふろ屋さんへ出かけていきました。

おじいちゃんは、第2の場面で大工さんとして登場する。大工と言えば職人かたぎの性格で、おばあちゃんが二人の馴れ初めの話をマサエに聞かせることをよく思わない可能性が高い。そんなおじいちゃんの性格をよく分かっているおばあちゃんは、おじいちゃんが留守だったからこそ、マサエにこの話を聞かせることができたのである。また、物語上にはまったく登場しないお父さんが帰ってこないことをわざわざ書いている。おじいちゃんとおばあちゃんの馴れ初めの話を孫娘に聞かせる場にいるのが、おばあちゃん・お母さん・マサエの女三人だけというシチュエーションがよいのである。男性がいると話しにくいことも、女どうしだからこそ話せるのである。

> 「どれどれ、わたしも聞かせてもらいましょうかね。
> ――そういえば、おじいちゃんは、おふろおそいわね。こんでるのかしら。」
> 「なあに、おじいじゃんは昔から長湯が好きでね。
> （中略）」
> おばあちゃんはそう言って、雪の音にちょっと耳をすましてから、こんな話を始めました。

昔話の中身を、実はお母さんはもう知っているのだ。

初めて聞く娘のマサエは、その話をどう受け止めるか、母親として興味津々なのだろう。台所を済ませてこたつの輪に加わり、何やら意味ありげにおじいちゃんの話題を振る。おばあちゃんも、それにすまし顔で答える。これからする話に若い頃のおじいちゃんが登場するのを知っているからこその二人の会話である。「雪の音にちょっと耳をすましてから」という行動描写がさりげなく挿入されているが、おじいちゃんがまだ帰ってこないことを確かめたうえでおもむろに昔話を始めるおばあちゃんの様子には、臨場感がある。

「伏線」は、作品の全体構造を俯瞰しておくことで見えてくる。特に、「クライマックス」を意識すると発見しやすい。

## 2　マサエの人物像を探る

「わらぐつの中の神様」は、現在の場面と過去の場面で中心となる登場人物が異なるため、子どもから「マサエとおみつさん（＝おばあちゃん）のどちらが主人公なのか」という疑問が出ることがあるが、マサエを中心人物と考えるのが妥当である。おみつさんの正体が実はおばあちゃんであることは、第3の場面で明かされるわけだが、おみつさん、つまりおばあちゃんは、マサエのものの見方や考え方を大きく変える役割を果たしている。マサエの次に重要な登場人物である。

「うへえ、冷たい。お母さん、どうするう。」
「やだあ、わらぐつなんて、みったぐない。だれもはいてる人ないよ。だいいち、大きすぎて、金具にはまらんわ。」
（傍線は熊谷）

スキー靴の後始末をお母さんに任せっきりにし、〈どうするう〉などと子どもっぽい甘えた口調で話すマサエは、年齢の割にやや幼い感じに映る。また、〈〜なんて〜ない〉〈だいいち〉〈〜すぎて〉などの言い方からは、おばあちゃんの言うことを年寄りのお節介、子供騙しとしか受け止めていない様子が窺える。おばあちゃんは昔の人で、言うことが古くさくて自分とは合わないと思っているのだろう。このようなマサエのおばあちゃんに対する見方を押さえておき、山場の場面以降で、その見方がどう変化したかを読むことにつなげていきたい。

導入部の「時」「場」「人物」などの設定は、展開部以降につながる重要な仕掛けになっていることが多い。特に人物の設定をとらえることは必須である。ここでは、描写性の高い会話文に着目し、「普通とは違う表現」を取り出し、そこから読めるマサエの人物像を探っていった。

### 3　二つの重要なアイテム――「雪げた」と「わらぐつ」

この作品の展開部に当たるおばあちゃんの昔話の部分には、その後の事件展開に関わる重要な二つのアイテムが登場する。「雪げた」と「わらぐつ」である。

#### (1)　おみつさんを魅了した「雪げた」

白い、軽そうな台に、ぱっと明るいオレンジ色のはなお。上品な、くすんだ赤い色のつま皮は、黒いふっさりとした毛皮のふち取りでかざられています。

おしゃれをしたいという願望は、女性であればだれしも抱く感情であり、雪げたに憧れるおみつさんにマサエは素直に共感しただろう。注目すべきは、雪げたが色彩語を多用して丁寧に描写されている点である。ここまで詳細に描かれているのは、この雪げたがおみつさんのその後の運命を決めるものであるからにほかならない。

市で雪げたを見かけた後のおみつさんの言動も、非常に丁寧に描かれている。

けれども、市で野菜を売っている間も、あの雪げたのことが、おみつさんの頭をはなれません。いつもは、余計な物など、ほしいと思ったことのないおみつさんなのに、どうしたことか、この雪げたばかりは、なんとしてもあきらめきれないのです。

〈どうしたことか〉とあるように、自分の気持ちを制御できないほどに雪げたに魅了されている。

「ねえ、わたしを買ってください。あんたが買ってくれたら、うれしいな。」おみつさんには、雪げたがそうよびかけているように思われました。

口を利くはずもない雪げたが自分に呼びかけていると思えるほど、おみつさんは雪げたに心酔している。もしこの雪げたがおみつさんの目に留まらなかったら、そして「自分には不釣り合いだ」とすぐに諦めていたら、おみつさんはわらぐつを編んで市で売ることなど考えもしなかっただろうし、大工さんと出会うこともなかった。

この雪げたなくして、おみつさんと大工さんの運命の出会いはなかったのである。そしてこの雪げたは、第3の場面で再登場し、印象的な結末を演出することになる。

## (2) おみつさんの作る「わらぐつ」

おみつさんは、少しくらい格好が悪くても、はく人がはきやすいように、あったかいように、少しでも長もちするようにと、心をこめて、しっかりしっかり、わらを編んでいきました。／さて、やっと一足作り上げてみると、われながら、いかにも変な格好です。（中略）その代わり、上からつま先まで、すき間なく、きっちりと編みこまれていて、じょうぶなことは、このうえなしです。

上手には作れないが、せめてその分心を込めて丁寧に編み上げ履く人に喜んでもらいたいというおみつさんの心持ちに、マサエは素直に感動したのだろう。〈変な格好〉だが、〈じょうぶなことはこのうえなし〉というわらぐつが、〈特別美しいむすめ〉ではないが、〈体がじょうぶで、気立てがやさしくて、いつもほがらかにくるくるとはたらいていた〉というおみつさんの人柄と重なる。

わかい大工さんは、道具箱をむしろの上に置いて、そのわらぐつを手に取ると、たてにしたり横にしたりして、しばらくながめてから、今度はおみつさんの顔をまじまじと見つめました。

大工さんがはじめておみつさんのわらぐつを買っていくときの様子であるが、おみつさんの丁寧な仕事ぶりからその人柄のよさを見抜いた大工さんは、「一緒になるならこの人しかいない」と直感したに違いない。雪げた同様、わらぐつも二人を結び付けた重要なアイテムなのである。

多くの字数を割いて丁寧に描写されている部分はその後の事件展開や新たな人物形象に関連していることが多いので、注意を払わなければならない。
　また、導入部の人物設定に照らして、その人物が取った意外な言動や矛盾した言動に着目すると、その人物の新たな人物像が浮かび上がってくる。

# 4 山場でマサエの何がどう変わったのか

「わらぐつの中の神様」のクライマックスはどこかを検討する授業を行うと、次の2箇所に意見が分かれる。

【A】「うん。おばあちゃんの名前は、山田ミツ。
　—あっ。」／マサエは、パチンと手をたたいて、目をかがやかせました。

【B】「ふうん。だけど、おじいちゃんがおばあちゃんのために、せっせと働いて買ってくれたんだから、この雪げたの中にも、神様がいるかもしれないね。」

Aは、おみつさんと大工さんの正体が実はおばあちゃんとおじいちゃんだったことがわかり、二人に対するマサエの見方が大きく変化するところ、Bは、〈そんなの迷信でしょ〉と言っていたマサエが、〈神様がいるかもしれない〉と、その価値観を大きく変えるところである。

結論を先に述べると、Aをクライマックスとするのが妥当である。おばあちゃんの昔話が終わった後、「わらぐつの中に神様がいるか、いないか」の話題は、すっかり脇に寄せられ、おみつさんがその後どうなったかがマサエの最大の関心事となる。どこかの知らない人の話だと思って聞いていた話が、実は自分の祖父母の若い頃の話だったと気づいたときのマサエの驚きは、如何ばかりのものだっただろう。では、クライマックスでマサエの何がどのように変化したのだろうか。

マサエは、赤いつま皮の雪げたをかかえたまま、／『おかえんなさあい』／とさけんで、げんかんに飛び出していきました。

（傍線は熊谷）

おじいちゃんをこんなに興奮して出迎えているところから考えると、昔話を聞く前と後とでマサエの祖父母に対する見方ががらりと変わったことがわかる。祖父母の意外な一面を知るとともに、二人の心の結び付きの強さを痛感し、これまでにも増して祖父母を慕う気持ちが強くなった。「わらぐつの中の神様」は、自分の家族の新たな一面を再発見した、少女の心の成長の物語である。

山場やクライマックスで何がどのように変化したかを読む際、その周辺だけを見ていると、偏狭な読みに陥ってしまう危険性がある。導入部や展開部に立ち戻ったり、終結部に目を向けたりして、作品全体を再読し読みを総合することで、作品の主題が浮き彫りになってくる。

**参考文献**


阿部昇『国語力をつける物語・小説の「読み」の授業』二〇一五年、明治図書出版
西郷竹彦監修・高橋睦子著『「わらぐつの中の神様」の授業』二〇〇三年　明治図書出版

# 3　物語・小説の「吟味と批評」の教材研究をきわめるための方法とスキル

竹田博雄（大阪府・高槻中学校高等学校）

## 1　「吟味」が「深い学び」を保障する

物語・小説の「吟味よみ」とは、作品の読解を一通り終えた後、全体を振り返ってもう一度深く味わい、その作品を評価・批評する読みの方法である。吟味を行うにはそれまでに「構造・形象・主題」をきちんと読んでいることが前提となる。吟味とは、作品の表層的な批評ではなく、読み取った内容を相対化し、その作品の展開や叙述の妥当性を適切に評価して、さらに深く読んでいこうとする営みである。だから、「吟味よみ」は「深い学び」の要といえる。(1)

吟味は、あくまでも本文で語られている内容に着目して行うべきである。たとえば「羅生門」で、作品構造や形象を丁寧に読まないままに「この後、下人はどうなったか」と問うても、本当の吟味とはならない。それなしにただ結末の後を考えさせるという課題は、本文の言葉から離れた、個人の発想を促すだけになってしまうからである。吟味よみは、本文の「言葉」を頼りに、その言葉が指し示す対象が何を意味し、何を表現しているのかを丁寧に確認することが大切な読みの過程となる。作品の言葉が、どんなものの見方・考え方を語っているのかをきちんととらえるのである。そして、それに対して別の見方・考え方の可能性を探りながら作品の妥当性を評価する。そしてそれを外言化することで、今度は読み手の言葉による見方・考え方が深まっていく。吟味とは、言葉によるものの見方・考え方を外言化することで「深い学び」に到達していく指導の過程である。

物語・小説の吟味の教材研究の方法として次のようなものがある。[2] これは、教材研究の方法であるが、同時に授業での学習課題にもそのまま移行できる。

> 別の導入部の設定を仮定しながらオリジナルの設定を比較し、その妥当性を考える。

　これは、何も導入部に限ったことではなく、終結部やクライマックスにおいても可能である。違う結末を仮定する、或いは別のクライマックスを仮定して、本来の結末やクライマックスの妥当性を吟味することで、作品の批評が可能となる。そしてこうした吟味は「言葉による問い」の形にして考えることで、思考が最も「深まる」といえる。吟味は、言葉によって深められるのである。

## 2 「山月記」（中島敦）のこれまでの解釈の問題点

「山月記」は、詩人としての名を死後百年残そうとした主人公李徴《りちょう》が、その夢叶わず、虎の姿となって友人袁《えん》傪《さん》の前に現れ、虎となったいきさつについて語る、中国の古典『人虎伝』を換骨奪胎した作品である。現在、ほぼ全ての高校教科書に載っており、「羅生門」「舞姫」と並ぶ小説の定番教材である。掲載から六〇年余り、今もさまざまな課題が提出され研究の対象となっている。

　その中で多くの教科書が取り上げている課題に、李徴が袁傪に詩の伝録を頼む場面における、袁傪と語り手のつぶやきがある。以下、三省堂版から一部引用する。

> 　他でもない。自分は元来詩人として名を成すつもりでいた。しかも、業いまだ成らざるに、この運命に立ち至った。かつて作るところの詩数百篇、もとより、まだ世に行われておらぬ。遺稿の所在ももはやわからなくなっていよう。ところで、そのうち、今もなお記誦せるものが数十ある。これを我がために伝録していただきたいのだ。なにも、これによって一人前の詩人面をしたいのではない。作の巧拙は知らず、とにかく、産を破り心を狂わせてまで自分が生涯それに執着したところのものを、一部なりとも後代に伝えないでは、死んでも死にきれないのだ。
> 　袁傪は部下に命じ、筆を執って叢中の声にしたがって書き取らせた。李徴の声は叢の中から朗々と響いた。長短およそ三十篇、格調高雅、意趣卓逸、一読して作者の才の非凡を思わせるものばかりである。しかし、袁傪は感嘆しながらも漠然と次のように感じていた。なるほど、作者の素質が第一流に属するものである

ことは疑いない。しかし、このままでは、第一流の作品となるのには、どこか（非常に微妙な点において）欠けるところがあるのではないか、と。

ここで李徴の詩に欠けるところとは何か？　という問いが、この場面における読解の指導過程で、最も問題にされる課題の一つとされている。その解釈として、曰く「詩への執着心」「人間性の欠如」等々、定着感漂う読みが敷衍されている。

三省堂の指導書には次のようにある。

ここで、李徴の才のどこが欠けていたかは明示されていない。その原因は技巧自体ではなく、李徴の生き方や性質そのものに内在するものと考えられる。人生に対する遊びの態度や、他人の心への想像力、情趣を理解する美的感覚などさまざまな要素が考えられるだろう。何が欠けているのか、これまでの記述と対照して生徒に考えさせたいところである。

（『高等学校・現代文Ｂ・指導資料①』二〇一四年、三省堂）

## 3　「山月記」吟味よみの試み

「欠けるところ」をどうして考えさせるのか。先ほどの指導書においても、最後の「考えさせたいところである」という一言が気になる。なぜ考えさせたいのか、考えさせることで何が読めてくるのかが明示されないからである。この点に明瞭に言及した研究は私が知る限りでは見当たらない。この「欠けるところ」はどのような指導が可能なのか。この箇所の吟味よみを試みる。

言葉を丁寧に読むことで、本文が語るものの見方・考え方をとらえる。そしてその妥当性を評価し外言化する。そうすることでこの場面の読みが「深い学び」へと深化していくことを目指したい。

まず、このように袁傪に思わせることが作品にどんな影響を与えるのかを教師自身が丁寧に読む必要がある。

この場面で袁傪が李徴の詩を絶賛しただけに終わったら、この作品の読みは何が変わるのか？

これも、このまま授業での学習課題・発問に移行できる。欠けるところとは何かではなく、袁傪がこう思うことでこの作品の何が読めてくるのかを考えさせるのである。この問いは、吟味よみの次の方法にあたる。[3]

> 別の事件展開を仮定しながらオリジナルの事件展開と比較し、その妥当性を考える。

まずすでに引用したこの場面の形象をよむ。

ここで李徴は、自らの原稿を「遺稿」と表現している。ということは、この時点でかれはすでに人間に戻ることを諦めていることがわかる。日に日に心まで虎と化していく李徴。その彼が「今もなお記誦せるものが数十」ということは、これらの詩は、中でも思い入れの強い、自分にとって自信のあるものであったに違いない。だから、それを「記録」とはいわず「伝録」してくれ、つまり、残すだけではなく伝えていってくれと頼んだのだ。虎と成り果てようとも何とか自分の詩だけでも後代に伝え残していくことができないかという李徴の切々たる心情が伝わる。「死んでも死にきれない」とは、「このまま虎に成ってしまう訳にはいかない」という意味である。そして書きとられた詩は「格調高雅、意趣卓逸、一読して作者の才の非凡を思わせるものばかりであ」ったというのだ。李徴の詩への執念を強調し、その作品の質の高さを讃えながらも、しかし、袁傪は「欠けるところがある」と感じる。

つまり、李徴の詩への執念を語らせ、作品の質の高さを讃えた後、それを否定するのである。李徴は、詩に関して最後まで報われることはない。その悲劇性が「欠けるところがある」の一言で一層強められ際立つものとなっているのである。この「悲劇性」こそ、この場面において読みとるべき「見方・考え方」である。具体的にいうと「狂気し、たとえ異類に変わるまで執着するものであったとしても報われず、その不遇と哀切を背負って人は生涯を生きねばならないことがある」という人間存在の悲劇である。

さらにここの記述をよく見ると、「非常に微妙な点において」という一言が丸カッコで記されている。これにはどういう意味があるのであろうか。ここは「漠然と次のように感じていた」という語りがあって「なるほど、……」と続くのだから、袁傪が自分の心の中で感じたことを語っていると考えられる。実際に袁傪が口頭で話しているのではない。ということは「欠けるところがある」と感じた袁傪の心中をより詳しく正確に説明している一言ということになる。この一言が意味することは文字通り「微妙」ということが強調されているのである。はっきりとした欠点があるのならよかったのだ。李徴の詩は「格調高雅、意趣卓逸」であるが故に、一定の評価は得てきたはずである。しかし、名を成せなかったことの原因の一つが「微妙」に欠ける点にもあったのだ。微妙であるが故に李徴を虎となるまで執着させたのだ。こうして見ると、袁傪の「欠けるところ」という一言は李徴の悲劇性を高めるには非常に妥当性の高い一言だといえるし、李徴の「自尊心・羞恥心」の理解も深めていくことができる。

このように読んでいくと「欠けるところ」、それは一体何なのかと考える事が殊更に大事なのではないという ことが見えてはこないだろうか。

そして次に「……非凡を思わせるものばかりである」と、ここで終わっていたらどうだろうと考えてみる。ここで終わると、李徴は救われたことになる。虎となる原因の一つとなった、己が生涯それに執着したところの詩を、伝録してもらうばかりでなく「最も親しい友」に認めてもらえるという評価を得たことになるのである。自意識が制御できずに虎となった者の悲劇の中で、唯一、救いとなる場面となる。

つまり、この作品は、虎となるような性情の持ち主が、最後に友によって救ってもらった話となってしまうのである。だから、この「欠けるところ」の一言は、李徴の悲劇性を高めるということにおいてやはり必要であり、妥当性の高い叙述であるといえる。

「欠けるところ」の内容は、本文には書かれていない。だからこそ読み手は、李徴や袁傪に自分を重ねるように豊かに想像し「自分の考えを持つ」のであろう。しかし、大切なことは、なぜ、そう語られるのか、その語りの設定や語りの内容は、それがあることとないこととでは、作品にどのような差を生み、それが作品の読みにどのような違いを生むのかを考えていくことである。作品に書かれた内容は消せない。ならば、それが描かれることで表現されていることは何なのか。作品を「読む」とはそういうことを考えていく営みのはずである。

## 4 「山月記」吟味よみの際の発問―応答例

右に述べてきた教材研究を生かして授業を展開する際

に、実際に有効に使える発問と応答の例をいくつか紹介する。ここでは特に「欠けるところ」について考えさせる発問と予想される子どもの応答例を紹介する。

**教師**　「欠けるところがある」とわざわざ袁傪が評価したのどうしてだろう。この場面でもし袁傪がこの一言を言わなかったらどうなるのだろう。つまり、この一言が有るのと無いのとでは、何が　変わるのだろうか。

**子ども**　「欠ける」ということで、李徴の詩は一流でないことを決定づけるため。

**子ども**　李徴の詩は本当に素晴らしい詩だった。彼は才能ある詩人だったということになる。

**子ども**　李徴が、最後に救われるか、最後まで報われずに終わるかの違い。

**教師**　では、報われないことによって表現され強められているのはなに？

**子ども**　李徴の悲劇性。

**注**

（1）竹田博雄「小説の吟味よみについての考察─『カレーライス』（重松清）を例に」「読み」の授業研究会編『研究紀要11』二〇一一年

（2）阿部昇『国語力をつける物語・小説の読みの授業─PISA読解力を超えるあたらしい国語の授業』二〇一五年、明治図書出版の第五章で詳しく論じられている。

（3）同右書。

# 4 説明文・論説文の「文章構成」の教材研究をきわめるための方法とスキル

加藤　辰雄（愛知県立大学非常勤講師）

## 1 「深い学び」を実現するために三部構成で読む

「主体的・対話的で深い学び」について、小学校学習指導要領（二〇一七年）「国語」では、次のように記されている。

> 単元など内容や時間のまとまりを通して、その中で育む資質・能力の育成に向けて、児童の主体的・対話的で深い学びの実現を図るようにすること。その際、言葉による見方・考え方を働かせ、言語活動を通して、言葉の特徴や使い方などを理解し自分の思いや考えを深める学習の充実を図ること。

国語科における「深い学び」を実現するには、「言葉による見方・考え方」を働かせることが大切であると述べている。そして、中央教育審議会答申（二〇一七年）には、「言葉による見方・考え方」とは、「対象と言葉、言葉と言葉の関係を、言葉の意味、働き、使い方等に着目して捉え、その関係性を問い直して意味付けること。」と記されている。したがって、「言葉による見方・考え方」を「働かせる」とは、言葉に対して自覚的になり、文章を吟味したり、判断したり、評価したりして理解、表現することによって、自分の思いや考えを深めることであると考える。説明文・論説文の読みでは、言葉と言葉の関係、言葉の意味、働き、使い方に着目して文章構成を読むことが自分の考えを深めることにつながる。

説明文・論説文の典型構成は、「はじめ・なか・おわり」「序論・本論・結び」という三部構成である。「はじめ」「序論」では、これから「なか」「本論」で説明したり、論理を展開したりする内容のおおよその方向性が示される。「なぜ〜でしょうか」「〜でしょうか」などという問いのかたちで問題提示されるので、これらの言葉に着目する。「すがたをかえる大豆」のように「はじめ」（第1段落〜第2段落）に文章全体にかかる問題提示がない文章では、話題を明らかにしている言葉に着目する。「なか」「本論」では、問題提示や話題提示についての答えが例を挙げて具体的に詳しく説明されるので、それらの言葉に着目する。「おわり」「結び」では、「なか」「本論」で問題提示や話題提示に答えていることをもう一度簡潔にまとめて述べているので、その言葉に着目する。

このように文章構成を明らかにすることで、その文章の論理の大きな流れの方向性が見える。また、「はじめ」「序論」、「なか」「本論」、「おわり」「結び」の役割や位置づけを把握することもできる。さらに、構造として文章を俯瞰するので、その文章の論理の仕掛けや特徴がより明確に見とおせて、「深い学び」につながる。

## 2　説明文「すがたをかえる大豆」の概要

説明文「すがたをかえる大豆」（光村図書・小3）は、大豆をおいしく食べるための「くふう」を五つの例で説明している文章である。最初に、大豆に「昔からいろいろ手をくわえて、おいしく食べるくふうをしてきました。」と話題を提示する。そして、その答えの部分では、五つの「くふう」をそれぞれ述べている。

一つ目のくふうは「大豆をその形のままいったり、にたりして、やわらかく、おいしくするくふう」である。二つ目のくふうは「こなにひいて食べるくふう」である。三つ目のくふうは「大豆にふくまれる大切なえいようだけを取り出して、ちがう食品にするくふう」である。四つ目のくふうは「目に見えない小さな生物の力をかりて、ちがう食品にするくふう」である。五つ目のくふうは「とり入れる時期や育て方のくふう」である。

## 3　「すがたをかえる大豆」の文章構成を読む

説明文「すがたをかえる大豆」を言葉と言葉の関係に着目して文章構成を読んでみる。

## (1)「はじめ」を読む方法

スキル1

「はじめ」は文章全体にかかる「問い」があるかを見極める。

「はじめ」には文章全体にかかる「問い」があることが多い。たとえば、「こまを楽しむ」(光村図書・小3)では、「はじめ」に「どんなこまがあるのでしょう。また、どんな楽しみ方ができるのでしょう。」という「問い」がある。しかし、「すがたをかえる大豆」のように「問い」がないものもある。

第1段落と第2段落は、次のようになっている。

1 ①わたしたちの毎日の食事には、肉・やさいなど、さまざまなざいりょうが調理されて出てきます。②その中で、ごはんになる米、パンやめん類になる麦のほかにも、多くの人がほとんど毎日口にしているものがあります。③なんだか分かりますか。④それは、大豆です。⑤大豆がそれほど食べられていることは、意外と知られていません。⑥大豆は、いろいろな食品にすがたをかえていることが多いので気づかれないのです。

2 ①大豆は、ダイズという植物のたねです。②えだについたさやの中に、二つか三つのたねが入っています。③ダイズが十分に育つと、さやの中のたねはかたくなります。④これが、わたしたちが知っている大豆です。⑤かたい大豆は、そのままでは食べにくく、消化もよくありません。⑥そのため、昔からいろいろ手をくわえて、おいしく食べるくふうをしてきました。

第1段落には、③文「なんだか分かりますか。」と問いかけがあるが、④文「それは、大豆です。」とすぐ答えているので、③文は文章全体にかかる大きな問いではない。第2段落にも「問い」はない。

スキル2

「問い」がない場合は、話題提示がないかを見極める。

第1段落と第2段落との関係は、「いろいろ手をくわえて、おいしく食べるくふうをし」たこと(第2段落)=「大豆は、いろいろな食品にすがたをかえていること」(第1段落)という関係になっていて、どちらも大豆についての話題を提示している。また、第2段落⑥文

「いろいろ手をくわえて、おいしく食べるくふうをしてきました。」に応えるかたちで、第3段落からは具体的に「その形のままやわらかく、おいしくするくふう」「こなにひいて食べるくふう」などの答えが示される。したがって、「はじめ」は大豆についての話題を提示している第1段落～第2段落である。

### (2)「なか」を読む方法

スキル3　「くふう」など繰り返されている言葉に注目しながら構成を見極める

「なか」は、いろいろな食品にすがたをかえて大豆をおいしく食べるくふうをしてきたことを具体的に説明している第3段落～第7段落である。それぞれの段落の①文に「大豆をその形のままいったり、にたりして、やわらかく、おいしくするくふうです。」「こなにひいて食べるくふうがあります。」「大豆にふくまれる大切なえいようだけを取り出して、ちがう食品にするくふうもあります。」「小さな生物の力をかりて、ちがう食品にするくふうもあります。」などと「くふう」という言葉が繰り返されている。この言葉に着目すると五つの「くふう」が述べられていることをつかむことができる。

### (3)「おわり」を読む方法

スキル4　「なか」と「おわり」との関係に着目する

「おわり」は第8段落で、次のとおりである。

> 8 ①このように、大豆はいろいろなすがたで食べられています。②ほかの作物にくらべて、こんなに多くの食べ方がくふうされてきたのは、大豆が味もよく、畑の肉といわれるくらいたくさんのえいようをふくんでいるからです。③そのうえ、やせた土地にも強く、育てやすいことから、多くのちいきで植えられたためでもあります。④大豆のよいところに気づき、食事に取り入れてきた昔の人々のちえにおどろかされます。

「このように」が「なか」のどの段落内容のまとめになっているかに着目する。①文「このように、大豆はいろいろなすがたで食べられています。」では、「なか」全部を簡潔にまとめている。すなわち、大豆が豆まきに使う豆、に豆、きなこ、とうふ、なっとう、みそ、しょうゆに加工されて食べられていること、ダイズのとり入れ時期や育て方をくふうした食べ方をしていることを「いろいろなすがたで食べられています。」と簡潔にまとめ、第3段落～第7段落のまとめになっている。

## 4 「なか」をいくつかの「まとまり」に分ける方法

スキル4 話題と対応させて「なか」を分ける

三部構成が読みとれたら、次に「なか」を「なか1」「なか2」「なか3」……といくつかのまとまりに分ける。「すがたをかえる大豆」の「なか」は、第3段落～第7段落で、それぞれの段落には次のような大豆をおいしく食べる「くふう」が述べられている。

第3段落　その形のままやわらかくおいしくするくふう
第4段落　こなにひいて食べるくふう
第5段落　えいようを取り出して、ちがう食品にするくふう
第6段落　小さな生物の力をかりて、ちがう食品にするくふう
第7段落　とり入れる時期や育て方のくふう

「なか」をいくつかに分ける際には、話題と対応させて考えることが大事である。第2段落⑥文「そのため、昔からいろいろ手をくわえて、おいしく食べるくふうをしてきました。」という話題に応える形で「なか」が説明されている。したがって「くふう」に着目して、「なか」を分けると「なか1」～「なか5」に分けられる。

スキル5 接続語に着目して分ける

「なか」をいくつかに分けるときには、接続語に着目することも大事である。接続語によって段落と段落のつながりがどうなっているかがわかるからである。「すがたをかえる大豆」では、第3段落の書き出しが「いちばん分かりやすいのは」となっていて、一つ目のくふうが説明されている。第4段落～第6段落の書き出しは、それぞれ「次に」（第4段落）、「また」（第5段落）、「さらに」（第6段落）となっていて、一つずつくふうが説明されて

いる。そして、第7段の書き出しは「これらのほかに」となっていて、第3段～第6段落で説明したくふうとは別の枠組みのくふうである。

### スキル6　「並列型」か「展開型」かを見極める

「すがたをかえる大豆」は、「はじめ」で「大豆は、いろいろな食品にすがたをかえていることが多い。」、大豆を「おいしく食べるくふうをしてきました。」と話題提示し、次の段落からどのような「くふう」がされてきたかを下記のように「くふう1」「くふう2」「くふう3」・・・など並列で説明している「並列型」である。「展開型」なら「なか1」の内容をふまえて「なか2」に展開していくので、「なか1」「なか2」の順番を入れ替えると意味をなさなくなる。「並列型」か「展開型」かを見極めることを通して、文章全体の構成と「なか」「本論」の相互関係の構造を明らかにすることができる。


**参考文献**

「読み」の授業研究会著『国語力をつける説明文・論説文の「読み」の授業』二〇一六年、明治図書出版


| はじめ | なか | | | | | おわり |
|---|---|---|---|---|---|---|
| 2—1 | 3———————7 | | | | | 8 |
| 話題　大豆をおいしく食べるくふうをしてきた。 | 3 なか1（くふう1）その形のままやわらかく、おいしくするくふう | 4 なか2（くふう2）こなにひいて食べるくふう | 5 なか3（くふう3）えいようを取り出して、ちがう食品にするくふう | 6 なか4（くふう4）小さな生物の力をかりて、ちがう食品にするくふう | 7 なか5（くふう5）とり入れる時期や育て方のくふう | まとめ　大豆はいろいろなすがたで食べられてきた。 |

# 5 説明文・論説文の「論理と要約」の教材研究をきわめるための方法とスキル

柳田良雄(千葉県松戸市立六実小学校)

## 1 「論理関係」をとらえながら「深い学び」を実現する

説明文・論説文の論理をとらえ要約を作りだしていく中で「深い学び」は生まれる。そこで駆使される読みの方法は「言葉による見方・考え方」といえる。

「読み」の授業研究会では、学習集団の指導を大切にしながら授業を構築してきた。それはお互いの意見をぶつけ合ったり、すり合わせたりすることで読解を深めるためである。教師の教材研究を深めつつ指導構想を練り、学習集団を生かした授業を展開することで「深い学び」が生まれる。お互いの読み方や価値観のぶつけ合いにより、それまで見えてこなかった深い読みが見えてくる。

その際、常に書かれている文章、言葉を根拠に交流し合うことを条件とする。書かれている文章から逸脱し離れた読解にならないように配慮しつつ言葉の持つ豊かな可能性を追求していく。

## 2 論理の読みの前に文章全体の構成・構造を把握する

ここでは、「花を見つける手がかり」(吉原順平)(教育出版小4)を例に論理・要約の教材研究の方法を検討していく。ただし、その前に構成・構造の読みとりをまず行っていく。俯瞰的に文章を把握しておくことで、論理がより鮮明に見えてくるのである。

この教材は、ちょうは色・形・においのどれを手がかりにして花を見つけているのかと問いかけ、その答えを導き出すための実験の様子と結果が書かれている。

「実験は、まず、花だんの花を使って始めました。」と最初の実験が示される。

次に「今度は、においのしないプラスチックの造花を使うことにしました。」と進み、さらに「次の実験では、花の代わりに、四角い色紙を使ってみました。」と続く。これらの実験により、においではない→形でもない→色を手がかりにしていた、と消去法によって答えが導き出される説明文である。

全文で15段落あり、下のような構造になっている。

### 3 論理の読みの際にはまず「柱」に着目する

実際の授業では、まず文章全体の構成・構造を明らかにする「構造よみ」を行い、次に「論理よみ」を行う。最後に「吟味よみ」となる。

論理を把握する際に、まず核となるのは、「柱」である。「柱の段落」や「柱の文」「柱の言葉」がある。「柱」とは、その部分を統括している段落・文・言葉である。何がなくても、それさえあればそこで述べたいことの骨格はわかるという中心的位置を占める部分である。教材研究では、この「柱」に着目すると、論理関係が鮮やかに見えてくる。

| はじめ | なか | | | | おわり |
|---|---|---|---|---|---|
| 1—2 | 3—13 | | | | 14—15 |
| 問題提示 | 3—4 なか1〈実験者の紹介・準備〉 | 5—8 なか2〈第一の実験〉 | 9—10 なか3〈第二の実験〉 | 11—13 なか4〈第三の実験〉 | 結論 |

**教材研究の方法　「柱の段落」「柱の文」に注目する**

「柱の段落」「柱の文」などに着目したうえで、それが他の段落や文とどのような関係になっているかを明らかにしていく。たとえば、「柱以外が例を示し柱を支える」「柱以外が柱の詳しい説明をしている」などである。

おおよそ次のような関係がある[(1)]。

**教材研究の方法　さまざまな論理関係を意識する**

①柱以外が柱を詳しく説明している。
　柱←［詳しい説明］柱以外
②柱以外が柱の例を示している
　柱←［例示］柱以外
③柱以外が柱を補足している
　柱←［補足］柱以外
④柱以外が柱の理由を示している
　柱←［理由］柱以外

教材研究の際、これらの関係を意識すると論理関係が把握しやすくなる。

一つだけ例を挙げると次のようになる。

①安東君は、千葉大学を代表するアスリートだ。②たとえば、百メートルを10秒6で走る。③走り幅跳びも、常に8・5メートルを跳ぶ。

①文が柱の文で、②③文がそれを例として支えている。こういった関係は段落相互でもある。

指導では、構造よみで把握した「はじめ」「なか1」「なか2」……「おわり」、それぞれの「柱の段落」に着目し、さらにその柱の段落の「柱の文」に着目するという過程となる。そういった柱に着目していくと、結果として要約が得られる。

## 4　「はじめ」を読み解いていく方法

この教材の「はじめ」全文は次である。

1 ①もんしろちょうは、日本中どこにでもいる、ありふれたちょうです。②みなさんも知っているように、もんしろちょうは、花に止まって、そのみつをすいます。
2 ③いったい、もんしろちょうは、何を手がかりにして、花を見つけるのでしょう。④花の色でしょうか。⑤形でしょうか。⑥それとも、においでしょうか。⑦

もんしろちょうにきいてみればわかるのですが、そんなわけにはいきません。

「はじめ」の主要な役割は次の3つである。

① 問題提示（「〜だろうか」「〜みよう」などで文章の方向性を示す）、話題提示
② 導入（動機づけ、興味喚起、前提条件の提示）
③ 結論

このなかで最も重要なのは①である。したがって構成・構造の読みとりで「はじめ」を読み解く方法・スキルは「文章全体に関わる問題提示を含む部分が『はじめ』であることが多い」となる。だから、「はじめ」の柱の段落・柱の文を見つける際にもこれが生きてくる。

**教材研究の方法**　「はじめ」では、文章全体に関わる問題提示の段落が柱の段落になる。

これに基づいて、第一段落をみてみよう。

第1段落では話題を提示している。①文でもんしろちょうについて述べていくことを示唆している。続く②文で、読者（子どもたち）に投げかけるような書かれ方で親近感を与えている。この内容は前述の「主要な役割」の②に該当する。話題の提示、興味喚起である。しかし①の問題提示についてはふれていない。

第2段落はどうか。④文、⑤文、⑥文はすべて文末が「〜しょうか。」という疑問形になっている。ここにこの説明文の文章の方向性が読みとれる。「文章全体に関わる問題提示」が示されている。したがって「はじめ」の柱の段落は第2段落である。

では柱の段落の中の柱の文はどれか。三つの文は内容的に並列の関係であり、軽重はつけられない。この三つの文の内容をまとめる形で③文が置かれている。「③いったい、もんしろちょうは、何を手がかりにして、花を見つけるのでしょう。」これがまさに文章全体に関わる問題提示を示している。

このようにして柱の段落→柱の文と絞り込んでいく。次に要約である。小学校の説明文教材は、子どもたちにわかりやすいように簡潔に書かれている場合が多い。イメージを膨らませるような修飾語も少ない。そのため、柱の文を要約する場合、どこを削ればいいのか迷ってしまう場合がある。

ここでは、省けるのは「いったい」くらいであろう。他の言葉を削ると文意が伝わらなくなる。そこで「いったい」を削り文末を常体に変えた次の文を要約文とする。

「もんしろちょうは、何を手がかりに花を見つけるのか。」

## 5 「なか」を読み解いていく方法

「なか」を読み解いてみる。ここでは「なか4」をとりあげる。「なか4」の全文は次の通りである。

> 11 ①次の実験では、花の代わりに、四角い色紙を使ってみました。②色紙にも集まってくれれば、花の形が問題なのではなく、色だけが、もんしろちょうをひきつけているということになるでしょう。③用意した色は、前と同じ四種類です。④もんしろちょうは色紙を花だと思ってくれるでしょうか。
>
> 12 ④いよいよ、二百ぴきほどのもんしろちょうを放してみました。⑤ただの紙なのに、やはり、ちょうは集まってきます。⑥むらさきの色紙に止まったものもいます。⑦黄色の色紙に止まったものもいます。⑧止まったちょうは、長い口をのばして、みつをすおうとしています。⑨もんしろちょうは、色紙を花だと思っているようです。
>
> 13 ①集まり方を色別に調べてみました。②最も多く集まったのがむらさき、次に多かったのが黄色、青に来たものは少なく、赤にはほとんどきませんでした。③念のため、赤い色紙にみつをつけたものを用意してみましたが、これにもちょうは来ませんでした。

「なか」の主要な役割は次の二つである。

① 問題提示に対する考察途中の答え

② 詳細な説明、具体的な事実提示などによる論証

①を意識すると「柱」が見えてくる。

> **教材研究の方法**（論説型の場合）「なか」の答えにあたる部分が柱の段落である。

これに基づいて「なか4」をみてみよう。

「なか4」の実験では、②文にあるように、もんしろちょうが手がかりにしているのは、色だろうかとの疑問を解くための実験である。そこで「色である」または「色ではない」との答えが書かれている文を含む段落が柱の段落になる。ここでは、事実を述べた文と意見を述べた文を分けることからはじめるとよい。

たとえば11段落では―

①文　実験準備→事実
②文　答えの導き方→意見
③文　実験準備→事実
④文「思ってくれるでしょうか。」→意見
前述の通り「答えにあたる部分が柱の段落である」ので、意見を述べた文を取り上げる。

11段落と同様に、12段落・13段落からも意見を述べた文を抽出してみる。12段落では、⑧文「もんしろちょうは、色紙を花だと思っているようです。」の一文だけである。13段落では意見を述べた文はない。したがって11段落の②③文、12段落の⑧文の三つの文から柱の文を決定することになる。このなかで結論をのべているのは⑧文の「もんしろちょうは、色紙を花だと思っているようです。」であり、この文を含む12段落が柱の段落である。

要約文は「もんしろちょうは、色紙を花だと思っているようだ。」である。

## 6　構成・構造の読みを生かして「論理」を読む

以上のように論理を読む際にも、文章全体の構成・構造を俯瞰し、それぞれの部分の役割を意識しておくことが重要である。「はじめ」の役割としては問題提示・話題提示が重要であることがわかれば、自然と柱の段落・柱の文も見えてくる。また、特に論説型（仮説・論証型）の文章の場合は、「なか1」「なか2」……それぞれで途中の結論を示すことが多い。それが柱の段落・柱の文になることが多い。

**注**

（1）これらの論理関係の詳細は、「読み」の授業研究会『国語力をつける説明文・論説文の「読み」の授業』二〇一六年、明治図書出版を参照願いたい。

# 6　説明文・論説文の「吟味と批判」の教材研究をきわめるための方法とスキル

髙橋　喜代治（立教大学兼任講師）

## 1　はじめに

教科を問わず、教師が授業を行うとき、教材研究が極めて大事であることは今も昔も変わらない。とりわけ、「深い学び」の実現にはそれにふさわしい教材研究が必要となる。

教材研究とは端的にいえば、子どもに学ばせるべき価値ある言葉や言葉と言葉の関係を素材の中に見出し、取り出し調べる作業である。その際、学習者の発達段階や興味・関心を念頭に置くことはいうまでもない。それは、教えるべき教科内容を取り出すことでもある。「読むこと」では、言葉による見方・考え方の読み方である。

読み研はこれまで、説明的文章の指導過程を〈構造よみ→論理よみ→吟味よみ〉の三層で定式化し、授業をすすめてきた。

構造よみは、〈はじめ・なか・おわり〉〈序論・本論・結び〉の三部の典型構造に基づき、おおまかに文章の構成・構造を読みとる学習過程である。論理よみは、文、段落関係から論理を読みとる学習過程である。吟味よみは、構造よみ、論理よみをふまえて、文章を客観的に評価する学習過程である。優れたところ、不十分なところ、納得がいかないところなどをそれぞれの指標で、吟味・批判していく読みである。ここでは「生き物は円柱形」（小学校5年、光村図書）を例に、指導過程に沿って吟味・批判の教材研究の方法とスキルについて述べる。

| 序論 | 本論 | | 結び |
| --- | --- | --- | --- |
| 1 導入（結論・仮説）「生き物は円柱形」である | 2―10 | | 11 発展　生き物は多様である。多様さについていろいろ考えることはおもしろい |
| | 本論1 | 本論2 | |
| | 2―5 生き物の基本は円柱形である | 6―10 円柱形は強く速いので生き物の基本である | |

## 2 「生き物は円柱形」（本川達雄）の構成・構造と論理

「生き物は円柱形」（小5）は、生き物の共通性が円柱形であることと、その理由について論証しようとした論説文である。吟味・批判のためには、文章構造と論理展開をしっかり読みとることが必要不可欠である。その基盤的学習がないと、しっかりした吟味・批判はゆらぐからである。

序論は1段落である。「形のうえでの分かりやすい共通性は『生き物は円柱形だ』という点だ。」と仮説が提示されている。序論では、問題提示が示されることが多いが、ここでは結論が提示されていることになる（上記構造表参照）。

本論は、2段落から10段落までであるが、二つに分かれている。本論1は2段落から5段落まで。2段落で、「君の指を見てごらん。」と人間を例に指やうでやあしなどの各部が円柱形であることを例証する。3段落では、ミミズやヘビ、木の幹や枝などを挙げ、動物や植物が円柱形であることを例証する。いずれも帰納的な論証方法である。

4段落は、チョウや木の葉を例に、例外の提示である。

そして5段落で、この例外の疑問に答える。

本論2は、6段落から10段落までである。6段落は「仮に、生き物の基本が円柱形だとすると、それには理由があるにちがいない。円柱形だとどんないいことがあるのだろう。」とあるように、本論1を前提にした問題提示である。したがって、本論1と2の関係は並列型ではなく発展型である。

7段落は、新聞紙の実験。広げた場合と円柱と角柱の比較。結果は円柱が一番強い。8段落は、7段落の結果を受け、円柱形が強いことの説明。チョウの羽の翅脈も木の葉の葉脈も円柱だから強い。9段落は、円柱形は抵抗が少なく、速いことの論証。例はミミズやマグロ。10段落は、これまでの論証の結論。円柱形は強くて速いから、生き物の体の基本となる。

結びは11段落。筆者の感慨。生き物の多様性の称賛と考えることの推奨である。

## 3　吟味・批判の方法・スキルで構成・構造を教材研究

説明的文章の吟味よみは、教材となる文章の優れた点と不十分さを発見し、主体的な読みの学習を実現する指導過程である。まずは、構成・構造、論理展開、事例提示、語彙・表現の吟味・批判、論説文の場合はさらに主張や仮説の論証を吟味・批判する。そしてそのための教材研究を行う。

### (1)　はじめ（序論）との対応の工夫―優れた点

〈はじめ（序論）〉の基本的な役割は問題提示で、〈なか（本論）〉や〈おわり（結び）〉との対応性が求められる。〈はじめ（序論）〉は次に示す1段落である。④文の「生き物は円柱形」が仮説（結論）で、問題提示の役割を果たしている。

> ①地球には、たくさんの、さまざまな生き物がいる。②生き物の、最も生き物らしいところは、多様だというところだろう。③しかし、よく見ると、その中に共通性がある。④形のうえでの分かりやすい共通性は、「生き物は円柱形だ」という点だ。

この仮説の答え（結論）は、〈なか（本論）〉の10段落で、次のように述べられている。

①円柱形は強い。円柱形は速い。②だからこそ、生き物の体の基本となっているといっていいだろう。

「生き物は円柱形」（仮説）なのはなぜかという提示に対し、それは「円柱形が強くて速いから」であり、だからこそ「生き物の体の基本となっている」と、なか（本論）で詳細な論証を経た答え（結論）を述べている。「共通性」が「基本」と変化して、外形的な円柱形に対して本質的な意味合いが加わっている。わかりやすい対応関係であるとともに、用語にも工夫がみられる。

### (2) 結びに「結論」がない――問題点

では次のような〈結び〉との対応関係はどうか。次が11段落である。

①生き物は実に多様である。②長い進化の時間をかけて、それぞれが独自の多様な生き方をするようになり、多様な大きさや形をかくとくしてきた。③そのことを思うと、あらゆる生き物に対して、おそれ、うやまう気持ちすらいだかずにはいられない。④そういう多様な生き物に囲まれているからこそ、わたしたちのくらしは、にぎやかで豊かなのだ。⑤「ああ、こんな生き方をしている生き物もいるのだ。」と、その多様さを知ることはとてもおもしろい。⑥それと同時に、多様なものの中から共通性を見いだし、なぜ同じなのかを考えることも、実におもしろい。

この結びは、結論ではない。序論の①文と②文に対応させて、進化を経て存在する生き物とその多様性に対する筆者の認識や賛美が情緒的に吐露されている。同時に、子どもたちに「多様さ」を知ることのおもしろさや「多様性」の中に「共通性」を見いだし考えることのおもしろさを訴え、思考することを呼び掛けている。

この結びを肯定的に読めば、子どもたちに対する筆者の熱い思いが集約的に述べられていて教育的、道徳的でさえある。さらに、筆者のもっとも主張したいことが述べられているようだ。しかし、そのために「円柱形は強くて速いから生き物の基本なのだ」という結論が明確には示されていない。発展的な要素のみとなっている。

このような教科書教材の結びによくある「教育的配慮」は論旨をわかりにくくしていることも、吟味・批判の対象にする学習が必要である。

ここでは次のような方法を使う。

結びが「結論」「まとめ」の役割を担っているかいないかを見極める。

## 4　吟味・批判の方法・スキルで論理を教材研究

### (1) 身近な具体例の工夫―優れた点

本文2・3は、生き物は円柱形であることの例証である。複数の例から一般的法則を導き出す帰納的な説得法である。例と結論との間に矛盾があれば説得力がなくなる。

筆者は2段落で「君の指を見てごらん」と、子ども自身を例示する。3段落ではミミズ、ヘビ、ウナギ、ネコ、イヌなどの動物、そして、木の幹や枝、草のくきなどの植物を例示する。当事者から身近でよく知っている例の示し方で、子どもに興味を持たせるとともに、無理なく納得させる工夫である。

### (2) 例外の提示―優れた点

だが、小学5年ともなれば、その説得性に疑問をもっても不思議はない。そこで筆者は4段落で「もちろん、例外もある」として、チョウと木の葉を挙げ説得を試みる。例外を普遍性に導く工夫である。

チョウの羽は平たいという当然の疑問に対しては「たくさんの空気をおすために、面積をより大きく」した方がいいからだとし、でも「胴体」も「足」も「しょっかく」も円柱形である、木の葉の場合も同じく幹や枝、木の全体も先が細くなった「円柱形」だとする。

### (3) 例示は妥当か―問題点

円柱形の定義は、2段落の「丸くてまっすぐにのびた形」である。人間の指を基準にしている。「ごつごつしていたり、でこぼこがあったりしていても、それをここでは円柱形とみなすことにしよう。」とやや緩い。子どもに生き物が円柱形であることを論証するときに、子ども自身の指を使ったことは現実的であり評価できる。だが、この定義で円柱形の例を吟味しても、筆者が示した例外の他にも少し無理な例があるのではないかということに気づく。たとえば、「広い羽をのぞけば、チョウも円柱形の集まりだ。」や、木全体を「先が細くなった円柱形」である。「広い羽」をのぞいたり、円錐形を「先が細くなった円柱形」というような別の論理をもちだす強引さが指摘できる。

ここで使える方法は次である。

選択されている例に妥当性はあるか（他の選択可能性を対置し吟味する）

### (4) 根拠の解釈は妥当か―問題点

〈なか（本論）〉2は、〈なか（本論）〉1の「生き物は円柱形」の仮説の理由を実験を通して証明しようとしたものである。7段落で、新聞紙を使い円柱形が最もその形を保つのに強い形であることを実験で証明する。

9段落は円柱形が速いことの論証。例としてミミズとマグロが提示される。ミミズが円柱形なのは、「土の中を進んでいくときのていこうが少なく、楽に速く進めるから」とする。マグロが「時速百キロメートルものスピードで」泳げるのは「円柱形の前後が細くとがった形になると、ていこうがさらに小さくなる」からとする。そして10段落で、生き物の体の基本形が円柱形となっているのは「円柱形は強い。円柱形は速い。」からだと結論する。

だが、この論証に問題はないか。まず、円柱形だから速い生き物の例としてミミズはふさわしいか。円柱形だから、ていこうが少なく「楽に速く」進めると述べているが、どう考えてもミミズが速いとは思えない。

さらに、マグロが猛スピードで泳げるのは「円柱形の前後が細くとがって」いるからだと述べているが、そうだとすると、猛スピードの主たる理由は「先のとがり」にあることになる。円柱形というより円錐形が理由となる。根拠となる事実の解釈が不十分であるといえる。

ここでは、上記の「例」の妥当性の吟味という方法の他に次の方法が使われている。

根拠の解釈に無理はないか（他の解釈可能性を対置し吟味する）

## 5 おわりに

この論説文「生き物は円柱形」は、述べ方や論理展開の吟味・批判を通して子どもたちと楽しく自由に学習できる教材である。それは「言葉の見方・考え方を働かせた深い学び」と重なり合う。

# 1 「さみだれや大河を前に家二軒」（与謝蕪村）の一時間の全授業記録

大庭 珠枝（秋田県総合教育センター）

授業日時　二〇一〇年六月一一日・3時限
授業学級　秋田大学教育文化学部附属小学校6年A組
　　　　　男子18名　女子14名　計32名
授業者　　熊谷　尚　先生

※これ以降の枠囲みは大庭によるコメント。

（黒板に本時のめあて「俳句の『しかけ』をさぐり、その魅力に迫ろう。」と俳句「さみだれや大河を前に家二軒」が板書してある。）

さみだれや大河を前に家二軒

**子ども**　これから三時間目の学習を始めます。

**教師①**　体をこちらに向けてください。今日は難しい話し合いをするので、話し合いの時は話し合いに集中して、ノートを取る時間もつくるので、ノートはその時に取るようにしてください。いいですか。

**子ども（全員）**　はい。

**教師②**　よし。今日は皆さんの集中している目がとてもいいですね。それでは、この俳句の方に目を向けてください。今日学習する俳句を音読しましょう。どうぞ。

**子ども（全員）**　さみだれや大河を前に家二軒

**教師③**　もう一度聞きたいな。とてもよく読めたので、もう一度読みましょう。どうぞ。

**子ども（全員）**　さみだれや大河を前に家二軒

**教師④**　この俳句のどこで切りますか。

**子ども**　「や」です。

**教師⑤**　じゃあ、これは俳句のしかけの何ですか。

子ども　切れ字です。
教師⑥　では「切れ」を意識してもう一度読んでみましょう。どうぞ。
子ども（全員）　さみだれや大河を前に家二軒

この授業では数多く「一斉音読」の場面をつくっている。授業への全員参加を促したり俳句の読みを深めたりする上で、効果的な手立てとなっている。

教師⑦　さて、昨日の段階で下調べをしたと思いますが、この俳句には「しかけ」はありそうですか。
子ども　「切れ」があります。
教師⑧　他にも何か気になる言葉はあるかな。
子ども　（口々に）大河。家二軒。さみだれや。
教師⑨　なるほど。じゃあ、今日はそういった言葉が重要になりそうですね。それでは、どの言葉から読んでいこうかな。どの言葉が大事そうかな。
子ども　さみだれや。
教師⑩　さみだれが大事なのはどうして。
子ども　「や」の切れ字の前にあるので、切れ字によって「さみだれ」が強調されるからだと思います。
教師⑪　みんな分かったかな。ここ（切れ字）に何が込められているかな。
子ども　心情。
教師⑫　そうですね。では「さみだれ」から読んでいきたいと思います。「さみだれ」とは何ですか。
（子どもの発言を拾いながら漢字で「さみだれ」と書くことを確認し、新暦と旧暦について説明をした後）
この俳句の時の五月というのは、皆さんが話したように、今でいう六月です。じゃあ、「さみだれ」ってどんな雨なのかな。
子ども　梅雨。
子ども　雨がよく降る。
子ども　ザーって降る。
子ども　雨がずっと降り続けると思う。
教師⑬　ずっと降り続ける。どれくらい降り続けるかな。
子ども　長い。一週間くらいかな。
教師⑭　梅雨に入ってから明けるまで期間はどれくらい。
子ども　二週間くらい。一か月かな。
教師⑮　はっきりとはしていないけど、一か月以上かな。他には梅雨というとどんなイメージがあるかな。

子ども　（口々に）じめじめ。洗濯物が乾かない。外で遊べない。かたつむり。かえる。
教師⑯　じゃあ「時」については読んだので、「場」はどうですか。どこですか。
子ども　川。大河。
教師⑰　大河ってどんな川かな。
子ども　大きい川。
教師⑱　何でそれが言えるの？　言葉から証拠を出して。

この後も言葉に根拠を求める切り返しをしている。子どもたちも言葉にこだわって考え続けている。

子ども　大きい河って書いているから。
教師⑲　それはそうだけど、もう少し証拠はないかな。
子ども　「川」ではなく「河」を使っているので、大きさを表していると思います。
子ども　普通の「川」よりも「河」の方が大きいと辞書に書いてあるので、「大河」にすると、大きい大きい川という意味になると思います。
教師⑳　大きい大きい川って意味なんだね。じゃあ、「さみだれ」と「大河」は何か関係があるのかな。
子ども　たぶん、川って雨とかあると増水すると思うので、さみだれが河に集まって、大きくなったから、大河になったんだと思います。
教師㉑　なるほど。だれかつなげてください。じゃあ手を挙げた四人でつなげてください。
子ども　さみだれは一か月以上降り続けた雨なので、川がどんどん崩れて大河になったんだと思います。
子ども　さみだれにより、大河の水かさがいつもより増して、そして勢いよく流れているという情景を、二つの言葉で表しているのだと思います。
子ども　さみだれによって、大河がもっと大きくなるのを表しているのだと思います。
子ども　元々大河があったとして、そこにさみだれが降るから、もっと大きい大きい河になって、勢いよく流れることがわかると思います。
教師㉒　それでは一回こっちを見てください。（黒板を注視させ、ここまでの子どもたちの発言に即して、五月雨によって増水していく大河の状況を図示しながら整理していく。）今の川は、台風が来て水が増えても、堤防があることによって、近くに家があっても？

**子ども** 大丈夫。流されない。

**教師㉓** ところが、昔だとどうかな。

**子ども** 堤防がない。

**教師㉔** じゃあどうなるかな。

**子ども** （口々に）家がつぶれちゃう。流される。壊れちゃう。家が消える。

**教師㉕** 最悪な状態になる。なったのかな。

**子ども** なりそう。

**教師㉖** なりそうなの。なぜなりそうだと分かるの。

**子ども** 家二軒って書いてあるから。

**子ども** 「大河」の次に「前に」って書いてあるから、もう少しっていうのが伝わると思う。

**子ども** 「大河を前に家二軒」だから、他の家はもう流されてしまっているんだと思う。

**子ども** それは違う。

**教師㉗** それは違うの。でも面白い想像だよね。いっぱい家があったんだけど、今はもう二軒しかないのか。

**子ども** 付け足しで、「大河を前に」っていうのは、大河を目の前にしているという意味があるから、この「家二軒」は河の近くで、危険な状態だと思う。

**教師㉘** 今、危険な状況っていうのは分かってきました？

**子ども** はい。何でそれを俳句に詠んだんだろう？

**教師㉙** 何で俳句に詠んだのか。その前に、何でこの人たちはこんな危険なところに家を建てたんだろうね。

**子ども** 釣りが趣味なのかな。

**教師㉚** 普段生活している時はそんなに危険なの？

**子ども** 普段は水がない。

**子ども** 昔は水道や機械がないから、水をすぐに汲むことができるように、川の近くに家がある状態がよかったんじゃないかな。

**教師㉛** 人の姿はこの俳句に直接書いていないけど、生活している人の姿もあるんだよね。水が必要だから、川が近い方が便利ということもあったかもしれないね。

子ども　貧乏っていうのもあるかも。
教師㉜　生活に便利だから川の近くに住んでいる。でも、そうじゃなくて、貧乏だから仕方なくというのも考えられる。よし、じゃあ人の姿は見えてきたでしょ。もう少し深いところまでいこう。ほとんどの人が書いていた疑問なんですけど、これって何で「二軒」なの？　どうやって読めばいいかな。「二軒」を読むんだけど。何かいい方法で読もう。
子ども　比べ読み。

これまでの学びを通して、子どもたちに読みの手法が身についていることが分かる。

教師㉝　比べ読み。何と何を比べたらいいかな。
子ども　五軒。十軒。
教師㉞　どっち？　五軒と十軒ならどっちがいい？
子ども　十軒。
教師㉟　じゃあ十軒と比べてみようか。はい。こっち見て。じゃあ十軒に変えて読んでみます。せーの。
子ども（全員）　さみだれや大河を前に家十軒。
教師㊱　「家じっけん」と読もう。もう一回読みましょう。せーの。
子ども（全員）　さみだれや大河を前に家十軒
教師㊲　元の俳句を読んでみると、せーの。
子ども（全員）　さみだれや大河を前に家二軒
教師㊳　みんな「家十軒」を読んだときは「ん？」って顔したけど、何でそんな顔をしたのかな。
子ども　「十軒」より「二軒」の方がリズム感が出る。
教師㊴　なるほど。リズムに付け足しがある人は？　別のこと？　はい、どうぞ。
子ども　この俳句では、家二軒がすごく寂しそうに、心細そうにしていることを伝えたいと思うので、十軒だと力強い感じがしてしまうから、二軒の方が適切だと思います。
子ども　二軒だと寂しい感じがするので、危なくてもそこに住まなければいけない心細さだとか、寂しさとかがでてくるんだけど、十軒だとたくさん住んでたことになってしまうので、二軒の方がいいと思いました。
子ども　「家二軒」だと不安が伝わるけど、「家十軒」だとたくさんの人がいるから、にぎやかさが感じられるから、「家二軒」の方がいいと思います。

**教師㊵** なるほど。あ、今何か面白いことを言っている人がいたね。どうぞ。

**子ども** 家が一軒だったらもっと寂しいと思う。

**教師㊶** そうか。今みんなが言ってくれた心細さとか寂しさとか不安、危機的な状況を表すためには、家の数が少ない方が合う。これはとてもいい読みだと思いますよ。でもそれなら、さっき言ってくれたように、一軒でも別にいいよね。寂しさや不安だったら、家が一軒の方がより表せると思うんだけど、この俳句ではなぜ二軒なのかな。二軒にした方が、心細さや寂しさではない、別の感情を表せるんじゃないかな。二軒にすると何が読めてくるのか、話し合いましょう。

［グループで話し合う］

ここが、この授業が特に「深い学び」に入っていく大きな節目である。「十軒」と「二軒」の差異は比較的読みやすいが、「一軒」と「二軒」の差異は簡単には読み解けない。しかし、それを読まないとこの俳句の核心には届かない。教師は、机間指導をしながら、助言を打っている。

［話し合いが終わる］

**教師㊷** じゃあ、全部の班に紹介してもらいます。

**子ども** 家が一軒だとすぐに押し流されてしまいそうな感じがするけど、二軒だとお互い助け合っている感じが伝わるので、家二軒なんだと思います。

**子ども** 一軒だと家が流されてしまうけど、二軒だと一つが流されてしまっても、もう一軒は助かるかもしれないので、家一軒ではないと思います。

**子ども** もし家が二軒だとしたら、二軒が怖がって寄り添っているように感じることができますが、一軒だと寄り添うことも助け合うこともできないので、二軒の方が丁度いいと思いました。三軒だと多すぎて、力強さが感じられてしまうので、二軒が適切だと思います。

**教師㊸** 力強さを出している言葉はどれですか。

**子ども**　大河。

**教師㊹**　大河が力強さを表す言葉なんだね。大河の力強さに対して、二軒を比べているんだね。なるほど。

**子ども**　一軒だと誰もいない土地に一人でいるから、孤独を愛する感じがして、二軒だと一軒の時よりも助け合いもできるし、話し合うこともできるから。

**子ども**　たとえば、十人の場合は役割が少ない場合、そんなに人がいらないじゃないですか。でも、一人だと全部自分でしなければいけなくなるので、ちょっと難しくなるじゃないですか。だから、二人の場合は役割を分担できるので、助け合いもできるじゃないですか。だから二軒がいいんだと思います。

**子ども**　もしたった一軒だったら、怖いなあっていうことがあるかもしれないんですけど、二軒だったら恐怖を感じている家がもう一軒あるということなので。

**教師㊺**　つまり、まだ何とかこの危機を？

**子ども**　乗り越えられる。

**教師㊻**　乗り越えられるかもしれない。なるほど。

**子ども**　一軒だと一人だから怖いっていう感じがするけど、二軒だとどうすればこの状況を乗り越えられるのかという作戦を考えられると思うので、力強くなる。

**教師㊼**　じゃあ、まとめると、「大河」というこの強い言葉と「二軒」というのは？

**子ども**　対比している。

**教師㊽**　そう、対比している。この対比がとてもいいんだけど、一軒にしてしまうと？

**子ども**　寂しい方が強まってしまう。

**教師㊾**　寂しい方が強まって、この俳句で一番言いたいことは何になると思うかな。

**子ども**　寂しさ。

**教師㊿**　寂しさ。それと、さみだれと大河の？

**子ども**　強さ。

**教師51**　そう。さみだれや大河の強さや怖さが表れる。でも、家が二軒あると、この俳句の言いたいことは？

**子ども**　助け合う。

**教師52**　そう、助け合うとか希望とか、そういう意味も出てくるかもしれないね。じゃあ、今までのことを踏まえてもう一度読んでみましょう。せーの。

**子ども（全員）**　さみだれや大河を前に家二軒

**教師53**　次はこの俳句の中で心を込めたい言葉があった

ら、そこに心を込めて読んでみましょう。せーの。

**子ども（全員）** さみだれや大河を前に家二軒

**教師㊹** それでは、この語り手は、このような状況をどこから見てるのかな。この家にいるわけではないよね。この景色を少し離れて見ていると思うんだけど、どういう心境で、この状況を俳句に詠んだんだろうね。

**子ども** 心配しているのかな。

**教師㊺** そうだね。流れてしまえばいいと思っているわけではないんだよね。きっと、この家の住人と同じような気持ちになっていると思うんだよね。住人に対して「がんばって」という気持ちを込めているかもしれないね。Bさん、さっき書いていた問題提起をみんなに教えてください。

**子ども** 「さみだれや」が何で平仮名なんだろうと思いました。漢字の方が力強い感じがするので、そっちの方がいいと思うんですけど。

**教師㊻** 今のわかったかな。力強い恐怖感を出すために、「さみだれ」は漢字の方がいいんじゃないかという意見だったんだけど。今ここではさみだれが平仮名で書かれているよね。これには何か理由があるのかな。しかけがあると考えた場合、何がありそうかな。（子どもたちの反応を見て）グループで話しますか？

**子ども** 話す。

**教師㊼** じゃあ一分だけ。どうぞ。

［グループで話し合う］

**子ども** さみだれを漢字で書いたら力強くて、平仮名で書いたらあまり力がないことがわかりました。力が強いと家二軒が流されてしまうけど、あまり力強くないと家二軒は流されないから、語り手の家二軒が流されてほしくないという願いが込められていると思います。

**子ども** 付け足しです。さみだれを平仮名にして、家二軒という存在をあえて大きくしていると思いました。

**教師㊽** 面白いですね。八班がさっきの話し合いで言っていたことも聞きたいな。八班さんお願いします。

**子ども** 漢字にしてしまうと、大河と同じくらい強くなってしまうので、大河を強調したかったんだと思う。

**教師㊾** 今の伝わったかな。漢字にしてしまうと、五月雨と大河のどちらも強くなってしまうんだね。さみだれを平仮名にすることで、大河を強調するというしかけもある。面白いね。他には何かありますか。どうぞ。

**子ども**　さみだれって季語ですよね。今までの俳句から考えると、季語を強くした方がいいじゃないですか。だから、漢字は強く見えて平仮名は優しく見えるのなら、やっぱり漢字にした方がいいんじゃないですか。

**教師⑥⓪**　強めるだけが強調ではなくて、逆にそこを弱めることで他が際立つこともある。黒い中に白があると目立つでしょ。黒と白って、黒の方が強いでしょ。そういうこともある。うんうん。でも、今言った季語を大切にしているということもいいですね。でも、この俳句も季語を大事にしている証拠があるよ。

**子ども**　さみだれ、や。

**教師⑥①**　そう、「や」がありますね。ここに一番語り手の気持ちが入っていますね。いやあ、今日はよく読めました。じゃあ、五分あげるので、この前に書いた感想をまず読んで、今日話し合って感じたこと、また新たに分かったことをノートに書きなさい。状況でもいいし、今日いっぱい見つけたしかけのことを書いてもいいです。どうぞ。

［学習感想を書く］

**教師⑥②**　まだ書きたい人もいると思いますが、一旦手を止めて終わりの挨拶をしましょう。

**子ども**　これで三時間目の学習を終わります。

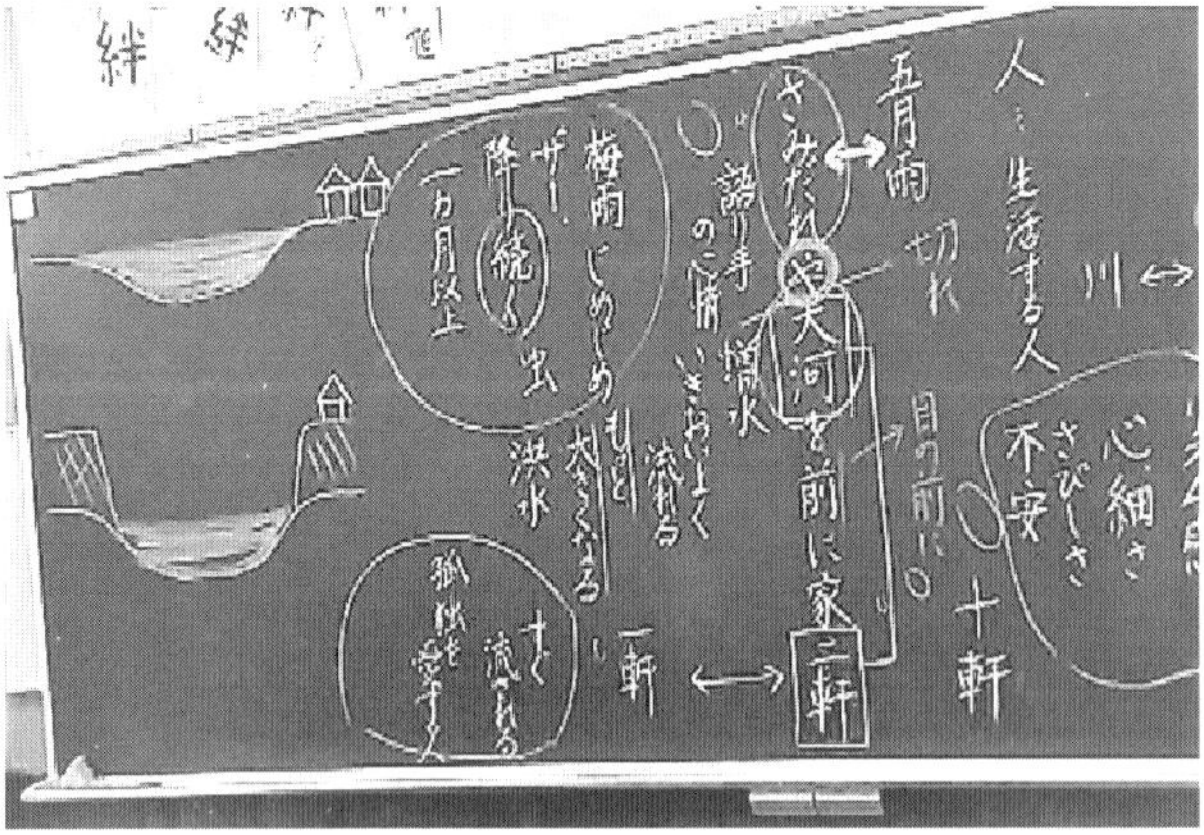

# 2 「さみだれや大河を前に家二軒」（与謝蕪村）の教材研究と単元計画・本時案

熊谷　尚（秋田大学教育文化学部附属小学校）

「さみだれや大河を前に家二軒　与謝蕪村」は、『蕪村句集　巻之上』に収められており、一七七七（安永六）年、蕪村六十二歳のときの作品と伝えられている。

## 1 俳句の形――取り合わせ

さみだれや＋大河を前に家二軒

この句は、「や」の切れ字で大きく切れている。上五に季語の〈さみだれ〉を置き、中七・下五に〈大河を前に家二軒〉の情景描写を置いている。いわゆる「取り合わせ」の形を取っている。五月雨は梅雨時の長雨であり、どちらかと言えば静的なイメージである。しかし、それが断続的に長期間降り続いたことで洪水寸前の「大河」となった。これは動的なイメージである。静なるものと動なるものを取り合わせたことで、そこに新たなイメージをつくり出すことに成功している。

## 2 語句・技法

### (1) 季語――「さみだれ」の平仮名表記の効果

さみだれ＝五月雨は、『俳句歳時記・第三版』（一九九七年、角川書店）では、「夏・天文」の部に分類されている。陰暦の五月頃に降るので、五月の雨と書いて「さみだれ」と言う。「さ」は田植えの神様＝サガミを意味する古語で、「五月」、「早苗」などの「さ」もここから来ている。「みだれ」は「水垂れ」で雨を意味している。

この句は、掲載されている書籍によって表記がまちまちで、季語が平仮名表記になっているものと漢字表記になっているものとの割合がほぼ半々である。教材化に当たっては、辻桃子『読んでみようわくわく俳句』（二〇〇〇年、偕成社）に従い、平仮名表記を取ることにした。

五月雨をあつめて早し最上川　　松尾芭蕉

芭蕉のこの句は、蕪村の句と並び前掲書でも取り上げられているが、この二句では季語の表記が異なる。

雨が降るときは短期間に大量に降り、降らないときはすっきりと晴れるような梅雨を「男梅雨《おとこづゆ》」、あまり強くない雨が長く続くような梅雨を「女梅雨《おんなづゆ》」と呼ぶ（性差別的な表現であるとされ、昨今はあまり使われないようである）。芭蕉の句の場合は、「五月雨」の漢字表記が荒々しい「男梅雨」を想像させる。水嵩が増した最上川の急流を表現するには、「五月雨」がふさわしかったのだろう。それに対して蕪村の句は、「さみだれ」の平仮名表記から、穏やかに降り続ける「女梅雨」が想像される。集中豪雨のような激しさはないのだが、とにかく長期間に渡ってしつこく降り続く雨の忍び寄ってくる怖さがある。

### (2) 切れ字 ―「や」の効果

この句は、上五に切れ字の「や」を置き句末を名詞で止める形だが、仮にこの句を次のようにしたらどうか。

さみだれの大河を前に家二軒

さみだるる大河を前に家二軒

前者は格助詞の「の」で連体格にして、後者は動詞「さみだる」の連体形で、それぞれ「大河」につなげ、一句の「切れ」を消滅させたのである。そうすると、「さみだれ」が単なる「大河」を修飾する言葉になる。すなわち、情景を説明しただけの句になってしまうのである。

さみだれや大河を前に家二軒

それに対して原句は、情景の説明を拒否する。そして、上五と中七以下とは、「や」を挟んで、いわば擬似的な上句―下句の関係になる。上五は一句の主題となり、中七以下はその主題を解釈するイメージを提供する。上五と中七以下とがつながり、意味をなそうとする散文的な文脈を断ち切る詩的構成が、切れ字の「や」である。

五月雨が断続的に長期間に渡って、止むことなく降り続けている。豪雨ではないものの毎日しつこく降り続けるから、総雨量は相当である。気づけば目の前の川が濁流となり、いつ出水してもおかしくないほど増水している。岸辺の家の住人にとってはこの上ない恐怖である。

そこに直接描かれていないこと、この場合、長雨に疲労困憊し、不安と恐怖にさいなまれる人々の姿までをも表現しているのが〈さみだれや〉の「切れ」なのである。

### (3) 「大河」のイメージ

日本の川に「大河」という表現はやや不似合いな感もぬぐえないのだが、蕪村はあえて漢語を用いた。では、「大河」からどんなイメージが読めるだろうか。

| | |
|---|---|
| 大河 | タイガ |
| 大川 | おおかわ |

漢語の「大河」と和語の「大川」を比較してみる。まず、言葉の音楽性に目を向けると、漢語はどちらかと言えば音の響きが硬い。T音や濁音から、力強さ、重さなどがイメージされる。和語はそれに比べると音の響きが柔らかい。出水寸前の川には、漢語の硬い音が合う。次に、文字の絵画性に目を向けると、「川」より「河」の方が画数が多い分、重厚さが出る。川幅が広い大きな川に「河」の漢字を使うことが多いので、この状況の川には「大河」の方がふさわしい。さらに、上五の「さみだれ」と「大河」という異質なものが対峙したときに生まれるギャップも新たなイメージをもたらすことにつながる。

なお、「大河を前に」の「前に」だが、『新明解国語辞典第七版』(二〇一二年、三省堂)に次の解説がある。

〔「…を前に(する)(中略)」などの形で〕確かな(無視することの出来ない)ものとして、そのことを経験することを表わす。

このことから、この句の語り手の視点(俳句も創作であり、虚構の世界を表現していると考え、あえて「作者」ではなく「語り手」と呼ぶことにする。)は、岸辺に建つ二軒の家の住人の視点に重なっているのである。

### (4) 数詞 ―「家二軒」の効果

今にも濁流に押し流されそうな家は、一軒でもなく三軒でもなく、二軒である。もっと数が多いとどうなるか。例えば、音数も同じ「五軒」ではどうだろうか。にぎやかすぎて不安感が薄れ、リアリティーを欠く。出水寸前の危機的状況を伝えるには、家の数が少ない方がよい。

家の数が少ないことが危機的状況を表現するのに都合がよいのであれば、「二軒」ではなく「一軒」にするという選択もあり得る。しかし、「一軒」では、あまりにも頼りなく、すぐにでも流されてしまいそうである。これでは、濁流の激しさのみが強調されてしまい、「家」がただの拵え物になってしまう。では、「二軒」にすることで、何が表現され得るのだろうか。

「一軒」だと、孤独感が前面に出てしまい、だれからも見放されてしまったような四面楚歌の状況のみが強調されてしまう。それが、

| 二軒 | 一軒 |
|---|---|
| ・お隣さん<br>・共同、協同<br>・支え合う<br>人々の姿 | ・一軒家<br>・孤独、孤高<br>・取り残された<br>人の姿 |

「二軒」になると、全く印象が変わってくる。長雨の影響で、思ってもみなかった危機的状況に追い詰められている。しかし、普段から付き合いのある隣同士が、こういうときこそお互いに支え合い、励まし合い、何とかしてこの危機を乗り越えようと懸命に努力している。そんな人々の姿が見えてくる。決して絵空事ではない、庶民の生活そのものが描かれているのである。

「二軒」という数詞の斡旋が蕪村による絶妙の「仕掛け」である。「二軒」だからこそ、この俳句が読み手にリアリティーをもって迫ってくるのである。

### (5) 絵画的なイメージ

さみだれ　や　大河　を　前　に　家二軒

この句は、名詞が多様されているため、「絵画性」に富んでいる。「さみだれ」「大河」「家二軒」と一幅の風景画を描いていくように言葉が配置されている。名詞は、読み手にそのものの映像的なイメージを想起させる要素が強い。まるで日本画を見ているような印象を読み手に与えるのではないだろうか。蕪村の本職は画家であったことを思えば、それは当然なことであると納得がいく。ものをじっと見る画家の目が、句柄に生かされている。

## 3 句の解釈

最後に、この句の私なりの解釈を述べる。

もう何日も、朝から晩まで五月雨が降り続いている。河水は赤褐色に濁って水嵩が増し、川幅は広がるばかり。普段はそれほど広くない川が「大河」と化し、岸から溢れんばかりに濁流がごうごうと流れ、今にも洪水になりそうな勢いである。

岸辺に、ひっそりと家が二軒建っている。出水を恐れ、さぞかし不安な日々を過ごしていることだろう。

# 第６学年Ａ組　国語科学習指導案

授業者　熊谷　尚（秋田大学教育文化学部附属小学校）
研究協力者　阿部　昇・成田雅樹（秋田大学教育文化学部）

1　単元名　　世界で一番短い詩・俳句を読み味わおう

2　子どもと単元

(1) 子どもについて

子どもたちは５年生のときから「俳句づくり」に取り組んでいる。校舎周辺の四季折々の風景に目を向け，気付いたことや感じたことを俳句にする。十七音という短い詩型の中で，言葉を吟味し精選しながら自分の思いを表現することを楽しんでいる。また，実作を通して，「季語」の働きや「五七五」の韻律，「切れ」の効果など，俳句特有の約束事や表現技法などについても，少しずつ学んできている。６年生になって，学級ではじめて「句会」を開いた。作者名を伏せてお互いの作品を見合い，好きな句を選ぶ。そして，なぜその句がよいと思ったのかを語り合うのである。子どもたちの中に，友達の作品の優れた点を見付ける鑑賞眼が備わってきていることを感じている。

(2) 単元について

俳句はたった十七音の短い言葉で，一輪のすみれ草から満天の天の川まで森羅万象の世界を詠うことができる，世界に類を見ない短い定型詩である。短詩であるが故に，俳句は独特の教材性を有している。言葉の音節について理解を深める，日本語のリズムや響きを感じ取る，切るところ・つながるところなど文の組み立ての基本を身に付ける，「てにをは」の働きを考える，必要な言葉だけを精選する，情景や心情にふさわしい言葉を吟味する，比喩・反復をはじめとする様々な表現技法を活用する，季語などの語彙を増やすなど，俳句で育てることのできる「ことばの力」は枚挙に暇がない。

新しい学習指導要領では，「俳句」が指導事項の中に位置付けらている。第３学年及び第４学年では，「伝統的な言語文化に関する事項」として俳句の音読・暗誦をすることが，第５学年及び第６学年では，「書くこと」の言語活動例として俳句をつくることがそれぞれ挙げられている。俳句をつくる活動を子どもにとって有意義なものとしていくためには，音読・暗誦することのみならず，俳句の表現にこだわってその内容を読み深めていく学習の充実を図ることが必要である。俳句の読解・鑑賞を通してその高い文芸性に魅力を感じるからこそ，自分の思いを俳句で表現することに意欲をもって取り組んでいこうとするに違いないと考えるからである。本単元では，芭蕉・蕪村・一茶などのいわゆる「名句」と呼ばれる俳句を取り上げる。これらが古典俳句として残り，現代まで読み継がれ，時代を越えて多くの人々に親しまれているのは，その完成度が高いからにほかならない。その凝縮された表現の妙とそこに広がる詩の世界をじっくりと読み味わってほしい。名句の優れた点を学んだ子どもたちは，俳句づくりにより一層のこだわりをもって取り組んでいくことであろう。

このように，俳句を読むことと俳句をつくることを通して，子どもたちの読解力や表現力を鍛え，言語感覚を研ぎ澄ましていくことを目指して，本単元を設定した。

(3) 指導について

子ども自身が一句の中から課題性のある表現を見出し，そこに隠された意味を考えたりその表現の効果を探ったりしながら俳句の世界を豊かに読み味わうことができるように，次のような段階を踏んだ読みの指導過程を取る。

まずは，俳句の構造をとらえる段階である。俳句の構造は，「一物仕立て」と「取り合わせ」の大きく二つに分けることができる。また，俳句特有の「切れ」という仕掛けが，短い詩型を構造的なものにしている。その俳句がどういう仕組みで感動を生んでいるのかを知る手がかりとして，俳句の構造をとらえることは非常に有効である。この過程で自ずと俳句を何度も読み返すことになり，着目すべき言葉や表現が次第にあぶり出されていくことになる。

次は，言葉や表現にこだわってその形象を深く読み取っていく段階である。本単元で扱う俳句はどれもよく知られたものであり，子どもたちになじみの深いものもある。一見何と言うこともない俳句のどこに表現の“仕掛け”があるのか，それがどのような意味や効果をもたらしているのかを子ども同士の話合い活動を通して追究する。名句の名句たる所以を探る謎解きの要素を授業の中に演出できればと考えている。話し合いを通して新たな発見や気付きをした子どもたちの中に，「この俳句は前から知っていたけれど，こんなに深い内容だとは思いもしなかった。」という驚きや感動が生まれるような授業にしていきたい。

俳句の読みの学習を通してその魅力を再認識し創作意欲が高まったところで，兼題を与えて俳句をつくる活動を設定する。芭蕉・蕪村・一茶の名句に触発され，これまで以上に言葉を吟味・精選し，表現に工夫を凝らして俳句をつくろうとする子どもが増えることを期待している。そして，俳句という日本の伝統文芸に親しんでいこうとする態度を育てていきたい。

3　単元の目標

(1)　俳句の五七五のリズムや言葉の響きを感じ取りながら音読したり暗誦したりすることができる。

(2)　季語・切れ字・見立て・対比・数詞などの俳句の技法に気付き，それらの表現上の効果を考えるとともに，表現の工夫によってもたらされる内容の広がりや深まりを読み味わい，俳句に込められた季節感や風情，心情などを自分なりにとらえることができる。

(3)　自分の思いを表すためにふさわしい言葉や表現などを選びながら俳句をつくることができる。

4　単元の構想（総時数７時間）

| 時間 | 学習活動 | 教師の主な指導 | 評価 |
|---|---|---|---|
| 1<br>2 | (1)　芭蕉・蕪村・一茶の俳句を音読したり暗誦したりして，古典俳句に親しむ。 | ・　芭蕉・蕪村・一茶の俳句に親しみをもつことができるように，３人の代表作から子どもたちになじみのあるものや内容の理解しやすいものを中心に選び，「おすすめ句集」として提示する。<br>・　３人の俳句をさらに読み深めていこうとする意欲を高めるために，「季語当てクイズ」など，楽しみながら読む活動を取り入れる。 | ・　俳句の五七五のリズムや言葉の響きを感じ取りながら音読や暗誦をすることができる。 |
| | 学習課題<br>芭蕉・蕪村・一茶の名句にかくされた「表現の工夫」を発見しよう。 | | |
| 3 | (2)　一茶の「蟻の道雲の峰よりつづきけん」を読み味わう。 | ・　表現の工夫を探る手がかりをつかむことができるように，はじめに俳句の構造をとらえるように促す。具体的には，「季語は何か」「季語に焦点を当てて詠んだ句か，それとも季語と別のものを組み合わせて詠んだ句か」さらに，「どこに『切れ』があるか」（形の上の「切れ」と内容上の「切れ」の違い）などを問う。 | ・　俳句の表現に課題性を見出し，その意味や効果を考えることができる。 |
| 4 | (3)　芭蕉の「古池や蛙飛びこむ水のをと」を読み味わう。 | ・　省略が多く象徴性・暗示性が強い俳句の特性を逆手に取り，「ここがよく分からない」という素朴な疑問を引き出し，そこから課題性のある表現を絞り込んでいくようにする。<br>・　その俳句ならではの表現の妙を感じ取ることができるように，他の表現や他の俳句との「比較読み」の手法を取り入れ，その独自性を顕在化させる工夫をする。 | |
| 5<br>**本時** | (4)　蕪村の「さみだれや大河を前に家二軒」を読み味わう。 | ・　新たな発見や気付きをしながら読み取りを深めることができるように，グループでお互いの読みを交流する話合いの場や，グループの話合いを全体に広げ，練り合う場を意図的に設定する。 | ・　俳句の表現に込められた季節感や風情，心情を自分なりに想像し，読み味わうことができる。 |
| 6<br>7 | (5)　兼題「五月雨」で俳句をつくる。 | ・　季語の本意に迫ることができるように，『歳時記』の解説や例句に当たったり，校地内を散策して句材を探したりする時間を取る。<br>・　言葉や表現にこだわり，よりよいものをつくり出そうとする意欲を引き出すために，推敲の視点を具体的に示す。 | ・　言葉や表現を吟味・精選して俳句をつくることができる。 |

本時（5／7）

(1) ねらい

数詞の使用や「切れ」など，この俳句の表現の“しかけ”に着目し，それらの意味や表現上の効果を探ることを通して，「さみだれや大河を前に家二軒」に描かれた詩の世界を読み味わうことができる。

(2) 展　開

| 時間 | 学習活動 | 教師の指導　評価 |
|---|---|---|
| 8分 | ①　本時の学習の見通しをもち，俳句を音読する。<br><br>学習課題<br>蕪村の俳句「さみだれや大河を前に家二軒」の表現の“しかけ”をさぐり，その魅力に迫ろう。 | ・　文語の調子や響き，五七五のリズムのよさを味わうことができるように，「どこで区切るか」「どの言葉に抑揚を付けるか」などを考えながら読むことを助言する。<br>・　子ども自身が一句の中から気になる表現を見付け，そこから課題性のある表現を絞り込んでいけるように，読みの第一印象を紹介し合ったり，「よく意味が分からない所や疑問点を出し合ったりする時間を確保する。 |
| 28分 | ②　俳句の構造をとらえ，季語の〈さみだれ〉から広がるイメージを想像する。 | ・　この俳句がどういう仕組みで感動を生んでいるのかを知る手がかりをつかむことができるように，まずは「取り合わせ」の俳句の構造をとらえる時間を取る。具体的には，「季語は何か」「『切れ』はどこか」などを問う。 |
| | ③　〈二軒〉の数詞の意味やその表現上の効果を考える。<br><br>学習問題<br>「二軒」には，何か特別な意味があるのだろうか。<br><br>○「五軒」と比べると<br>・「二軒」だから住人の心細さや不安が出る。<br>・「二軒」の方が人里離れた所という感じがする。<br>・「大河」と対比したとき「二軒」の方がに対比がはっきりする。<br>○「一軒」と比べると<br>・「一軒」だと，取り残された絶望感が漂う。<br>・「二軒」だから，隣同士で助け合って暮らしている感じがする。<br>・この状況でも何とかなると励まし合っている人たちの様子が想像できる。 | ・　〈二軒〉の数詞の意味とその表現上の効果を追究しようとする意欲を高めるために，「一軒や三軒ではだめなのだろうか」「もっと多くても別にいいのではないだろうか」などと揺さぶりをかける。<br>・　全員が主体的に話合いに参加することができるように，自分なりの考えをもつために個で読みを深める時間を十分に確保する。<br>・　この俳句は，数詞という具体性の強い表現により，読み手にその情景をより鮮明に想像させることに成功している。〈二軒〉という表現がこの俳句の重要な“しかけ”であり，それが俳句に深まりをもたらしていることへの気付きを促したい。そこで，「二軒」の意味を多様に探っていくことができるように，自分の知識や経験からとらえた「二」のイメージを出し合ったり，他の数詞に置き換えてみてその差異を考えたりしながら，グループでお互いの読みを交流する場や，グループの話合いを全体に広げ練り合う場を意図的に設定する。 |
| | ④　〈さみだれや〉の切れ字に込められた語り手の心情を想像する。 | ・　「切れ字は強調や詠嘆を表す」という子どもたちの認識を一歩深め，〈さみだれや〉で切ることによって一句の世界に時間的・空間的な広がりが生み出されていることに気付くことができるようにしたい。そこで，原句の〈や〉の切れ字を助詞の〈の〉に代え〈さみだれの大河を前に…〉とするとどうか，あるいは，動詞にして〈さみだるる大河を前に…〉とするとどうかを考え，それとは異なる原句の表現の意味を探っていく。<br><br>数詞のもつ意味を考えたり，切れ字に着目し上五と中七・下五の二つのフレーズの響き合いを考えたりすることを通して，俳句に描かれた情景や心情を自分なりに想像して読むことができる。<br>（発言，話合い，ノート） |
| 7分 | ⑤　話合いを通して深まった考えをノートにまとめる。 | |
| 2分 | ⑥　本時の学習をまとめ，次時の学習につなげる。 | ・　本時で活用した「比較読み」の手法を読み深めるための一つの方法として意識付けることができるように，だれの，どんな発言が読みの広がりや深まりにつながったかを相互にふり返る場を設定する。 |

# 3　「言葉による見方・考え方」を駆使して「深い学び」を実現した古典の授業

阿部　昇（秋田大学）

## 1　「言語による見方・考え方」を生かした「深い学び」

「さみだれや大河を前に家二軒」の特に「家二軒」を豊かに読んでいる。そのために、子どもたちはまず「家十軒」と比べる。ここでは子どもは「比べ読み」（教師㉜の後）と言っている。これは「言語の差異性」にこだわった優れた読みの方法であり、「言語による見方・考え方」の一つである。これが「深い学び」を実現している。小学校の古典の授業でも、ここまで「深い学び」を実現できるということを、この授業は証明している。

子どもたちから「十軒だと力強い感じが出てしまうから、二軒の方が適切」「二軒だと（中略）心細さだとか、寂しさとかが出てくるんだけど、十軒だとたくさん住んでたことになってしまうので、二軒の方がいい」「『家二軒』だと不安が伝わるけど、『家十軒』だとたくさんの人がいるから、にぎやかさが感じられる」（以上教師㊴の後）など、かなり的を射た読みが出てくる。

ここでは差異性にこだわっているだけではない。子どもたちは「大河を前に」という文脈も同時に読んでいる。「大河」との対比として「家十軒」では相応しくないと読んでいる。この「文脈を意識して読む」「対比性を意識して読む」も「言語の差異性にこだわる」同様大切な読みの方法であり「言葉による見方・考え方」である。

この時点ですでに子どもたちに、かなりの程度読む力が育ってきていることが窺える。この授業はそれを生かしながら、さらに新しい読みの方法を学ばせている。

## 2　「家一軒」との差異性からさらに「深い学び」へ

　そういった読みを前提に今度は、「家一軒」と「家二軒」を比べていく。たしかに「大河を前に」との対比であれば、「家一軒」の方がより対比性が高まるはずである。しかし、オリジナルは「家二軒」になっている。そのことを子どもたちは追究し始める。

　ここで、熊谷先生は、初めてグループ学習を使う。対話的な学びを生かしてさらに読みを深めさせていきたいと考えたのである。残念ながら、この時の各グループ内での話し合い記録は残っていないが、おそらくかなり豊かな対話が生まれていたと推察される。

　その証拠にその後の子どもたちの発言が鋭い。「家が一軒だとすぐに押し流されてしまいそうな感じがするけど、二軒だとお互い助け合っている感じが伝わる」「(二軒は)寄り添っているように感じることができますが、一軒だと寄り添うことも助け合うこともできないので、二軒の方が丁度いい」(以上、教師㊷の後)などの読みが出る。さらに「二軒だったら、恐怖を感じている家がもう一軒あるということなので」(教師㊹の後)「乗り越えられる」(教師㊺の後)かもしれないという読みも出てくる。

　教師が「一軒にしてしまうと？」(教師㊽)と問うと子どもは「寂しい方が強まってしまう」と答える。そして、それはこの語り手がこの二軒の人たちのことを「心配しているのかな。」(教師54の後)につながっていく。

「家二軒」を「家十軒」と比べ、さらに「家一軒」と比べることで、学びはさらに深くなっていっている。

## 3　子どもたち自身が読むための方法を見つけ出す

　授業の中で教師がリードする過程があるのは当然のことである。しかし、この授業では子どもたちが自分たちで読むための方法を見つけている箇所がいくつもある。特にこの授業の核となった「家二軒」のところでそれが出てきている。

　まず、「家二軒」を読む際に教師が「何かいい方法で読もう。」(教師㉜)と水を向けると、子どもからすかさず「比べ読み」という答えが返ってくる。すでに述べたとおり言語の差異性に着目した読み方を子どもたちが身につけていることがわかる。そして、教師が「何と何を比べたらよいかな。」(教師㉝)と問うと、ここでもすかさず「十軒」と子どもから答えが返ってくる。

さらに驚くべきことに「家二軒」と「家十軒」の差異を比べて読んでいる過程で「家が一軒だったらもっと寂しいと思う。」（教師㊵の後）という子どもの発言が出てくる。これは偶然ではない。同じ差異でも複数の差異を対置することで、さらに多様で深い読みが生まれることを子どもがそれまでに学んでいるからである。そこから、右に述べたより高度な深い読みが生み出されてくる。

さらには子どもから「『さみだれや』が何で平仮名なんだろうと思いました。」（教師㊺の後）という発言が出てくる。そして、漢字表記のもつ効果に着目し「五月雨」と漢字にすると、「大河を強調」できなくなると読んでいる（教師㊽の後）。

「主体的な学び」が今回の学習指導要領で重視されているが、学習過程における子どもの主体性にのみ焦点が当たっているように見える。それも大切だが、同時に子どもが読むための方法を自力で駆使して学びを深めていけるように、教師が戦略的に指導を展開していくことも「主体的学び」にとって重要である。この授業がそのことを証明してくれている。

## 4 「語り手」を読むことの重要性

あえて改善点を言うならば、授業後半で「語り手」をさらに追究してほしかった。「語り手がこの事態をどう見ているか」の追究である。（虚構であったとしても）語り手は、たまたま目にした情景を切り取っているだけではない。何らかの思いをもって切り取っている。「さみだれや大河を前に家二軒」という今にも流されそうな際どさである。「何とか踏みとどまって欲しい」「流されないでいてほしい」という強い思いをもっている可能性が高い。

熊谷先生は、「この語り手は」「どういう心境で、この状況を俳句に詠んだんだろうね。」（教師㊹）と問うているが、しかし「心配しているのかな。」という一人の子どもの答えだけで終えている。「どうしてそう思うの？」「どこからそれは読める？」などとゆさぶって、再度問い直す場面があってもよかったと考える。

＊

なお、本授業は秋田大学教育文化学部附属小学校国語部、同学部成田雅樹教授、阿部昇との共同研究による。

Ⅳ　新学習指導要領の「深い学び」と「言葉による見方・考え方」について考える―現場への提言

# 1　最適な言語活動の導入による「深い学び」

吉田　裕久（安田女子大学）

## 1　「主体的・対話的で深い学び」も、効果的な授業方法の一環

新学習指導要領は、二〇二〇年度から全面実施される。それに先駆けて、いま教育は、「〇〇をしている」から「〇〇ができるようになる」に向けて、学力本位の教育を従来にも増して強く押し進めることになった。国語科授業も、活動レベルで終わることなく、学力育成を強く意識した授業改善が求められている。

その学力については、これからの時代を生きる子どもたちに付けておくべき力（「育成すべき資質・能力」）が、「知識・技能」、「思考力・判断力・表現力等」、「学びに向かう力・人間性等」から成る「三つの柱」として、次のように示された。

〇知識・技能―何を理解しているか、何ができるか（生きて働く「知識・技能」の習得）
〇思考力・判断力・表現力等―理解していること・できることをどう使うか（未知の状況にも対応できる「思考力・判断力・表現力等」の育成）
〇学びに向かう力・人間性等―どのように社会・世界と関わり、よりよい人生を送るか（学びを人生や社会に生かそうとする「学びに向かう力・人間性等」の涵養）
（中央教育審議会「幼稚園、小学校、中学校、高等学校及び特別支援学校の学習指導要領等の改善及び必要な方策等について（答申）」以下「答申」、平成二八年一二月二一日、二八～三〇ページ抜粋）

大きく捉えるならば、これまでの「知識、技能、態度」

という学力の三要素をほぼ踏襲していると受けとめて良かろう。

そして、こうした学力を育成するための効果的な授業「方法」として注目されているのが、「主体的・対話的で深い学び」である。授業で目指すべきはあくまで「資質・能力」の育成であり、「主体的・対話的で深い学び」は、それを効果的に実現する方法（の一つ）であることに留意しておく必要がある。はじめに「主体的・対話的で深い学び」ありきではない。方法は、あくまで目標を効果的に実現するものである。その意味では、授業方法は様々にあり得る。少なくとも「主体的・対話的で深い学び」でなければ授業ではないとか、時代遅れだとか、そうした評価規準は当たらないということである。

## 2　国語科における「主体的・対話的で深い学び」

国語科に関して、「答申」では、「主体的・対話的で深い学び」（アクティブ・ラーニングの視点）からの授業改善という形で、次のように述べられている。

言語能力を育成する国語科においては、言語活動を通して資質・能力を育成する。このため、国語科における

アクティブ・ラーニングの視点からの授業改善とは、アクティブ・ラーニングの視点から言語活動を充実させ、子供たちの学びの過程の更なる質の向上を図ることであると言える。

（「主体的な学び」の視点）

・「主体的な学び」の実現に向けて、子供自身が目的や必要性を意識して取り組める学習となるよう、学習の見通しを立てたり振り返ったりする学習場面を計画的に設けること、子供たちの学ぶ意欲が高まるよう、実社会や実生活との関わりを重視した学習課題として、子供たちに身近な話題や現代の社会問題を取り上げたり自己の在り方生き方に関わる話題を設定したりすることなどが考えられる。特に、学習を振り返る際、子供自身が自分の学びや変容を見取り自分の学びを自覚することができ、説明したり評価したりすることができるようになることが重要である。

（「対話的な学び」の視点）

・「対話的な学び」の実現に向けて、例えば、子供同士、子供と教職員、子供と地域の人が、互いの知見や考えを伝え合ったり議論したり協働したりすることや、本を通

して作者の考えに触れ自分の考えに生かすことなどを通して、互いの知見や考えを広げたり、深めたり、高めたりする言語活動を行う学習場面を計画的に設けることなどが考えられる。

（「深い学び」の視点）

・「深い学び」の実現に向けて、「言葉による見方・考え方」を働かせ、言葉で理解したり表現したりしながら自分の思いや考えを広げ深める学習活動を設けることなどが考えられる。その際、子供自身が自分の思考の過程をたどり、自分が理解したり表現したりした言葉を、創造的・論理的思考の側面、感性・情緒の側面、他者とのコミュニケーションの側面からどのように捉えたのか問い直して、理解し直したり表現し直したりしながら思いや考えを深めることが重要であり、特に、思考を深めたり活性化させたりしていくための語彙を豊かにすることなどが重要である。（傍線は引用者、「答申」、一三〇～一三一ページ）

以上、「主体的・対話的で深い学び」の実現（「アクティブ・ラーニング」の視点）に関する部分を引用した。

こうして「主体的・対話的で深い学び」について見てみると、いま国語科授業にあっては、

・引き続き、記録、要約、説明、論述、話し合い等の言語活動の充実に努めること
・「主体的な学び」の実現——子供自身が目的や必要性を意識して取り組める学習活動
・「対話的な学び」の実現——子供同士、子供と教職員、子供と地域の人が、互いの知見や考えを伝え合ったり議論したり協働したりする学習活動
・「深い学び」の実現——「言葉による見方・考え方」を働かせ、言葉で理解したり表現したりしながら自分の思いや考えを広げ深める学習活動

などに留意して実施することが求められていることが分かる。

とりわけ「深い学び」については、言葉による見方・考え方を働かせ、理解したり表現したりした言葉を、理解し直したり表現し直したりすることによって自分の思いや考えを深めることが重要であると指摘されている。

## 3 「言葉による見方・考え方」小考

なお、ここで、本論の流れから少し外れるが、特集の

もう一つの課題にもなっている「言葉による見方・考え方」について触れておく。「言葉による見方・考え方を働かせる」とは、『小学校学習指導要領解説　国語編』（平成二九年七月）によれば、

児童が学習の中で、対象と言葉、言葉と言葉との関係を、言葉の意味、働き、使い方等に着目して捉えたり問い直したりして、言葉への自覚を高めることであると考えられる。様々な事象の内容を自然科学や社会科学等の視点から理解することを直接の学習目的としない国語科においては、言葉を通じた理解や表現及びそこで用いられる言葉そのものを学習対象としている。このため、「言葉による見方・考え方」を働かせることが、国語科において育成を目指す資質・能力をよりよく身に付けることにつながることとなる。（一二ページ）

と、解説されている。「対象と言葉、言葉と言葉との関係を、言葉の意味、働き、使い方等に着目して捉えたり問い直したりして、言葉への自覚を高めること」というところから、「言葉による見方・考え方」を働かせるとは、窮極、「言葉への自覚を高めること」と読み取れる。となれば、このことは、言葉を扱い、言葉の力を高める国語科にあっては、国語科固有の、国語科ならではのことであり、言葉にこだわり、比べ、吟味し、選ぶ学習を通して、言葉の有り様を考えることになる。ここでどの言葉を用いるのが適切か、自分の思いを最も適切に表す言葉は何なのか、「言葉を見つめる」ことになる。例えば、目の前のある事象を「話題」と捉えるか「課題」と捉えるか「問題」と捉えるかでは、そのことの認識は大きく異なる。また、「記念」とするか「祈念」とするか、読み方は同じだが、内容は大きく異なる。まさに言葉＝見方・考え方そのものである。となると、言葉の量＝語彙が、見方・考え方の量とも言える。語彙が貧弱だと困ると言われるのは、見方・考え方も貧弱になってしまうからである。つまり、国語科における「見方・考え方」は、対象認識と言うよりも言葉認識、話す、聞く、書く、読む、言語活動そのことに向かうことになる。どの言葉を使うか、またその言葉をどのように受け止めるか、言語感覚の問題と言っても良かろう。言葉認識、言語感覚は、まさに国語科が培う国語科固有の学力であり、対象である。私自身は、このことを「適時適言」と言って、国語科で育てる最も大事な力（窮極の学力）として

提示してきた。

## 4　「深い学び」を達成する国語科授業のために

さて、本題に戻ろう。こうして「深い学び」について見てくると、これまで求めてきた国語科授業と特に変わったものを求められているわけではないことに気付かされる。現に、この点について、「答申」でも、

「主体的・対話的で深い学び」の実現とは、特定の指導方法のことでも、学校教育における教員の意図性を否定することでもない。（中略）子どもたちに求められる資質・能力を育むために必要な学びの在り方を絶え間なく考え、授業の工夫・改善を重ねていくことである。（四九ページ）

と述べている。大事なことは、国語科授業のあるべき基礎・基本に立ち返り、学習者に着実に学力（資質・能力）を育むということである。そのためには、学習者が目的を持って、興味・関心・意欲を喚起し、主体的・積極的に、本気で学習する、そしてその学習の成果が実感できる、そうした授業を実現することである。それは、学習者にとって知的な満足感が得られる授業であり、深く考えられる（＝深い学び）授業であり、自分（考え・意見・作品）が生かされる授業である。そうした授業であれば、学習者は本気でその学習に取り組むことができる。学習者が本気で取り組む授業を通してこそ、学力（資質・能力）は効果的に育まれる。となると、畢竟、そうした、学習者が本気で取り組む国語科授業をどう構築することができるかということになる。

## 5　言語活動の充実＝最適な言語活動の導入

国語科は、授業を通して言語能力を育む固有の教科である。そこで大事なことは、「ただ活動するだけの学習にならないよう、活動を通じてどのような資質・能力を育成するのか」（「答申」、一二六ページ）、あくまで目標を意識して授業を実施することである。つまり、「何をしているか」ではなく、「何が育まれているか」である。国語科は、その意味において、言語能力育成のための意図的・計画的・目的的教科であることを再確認しておきたい。

その意味で、これまで同様、「言語活動の充実」を図り、国語学習を意欲的・主体的・能動的に展開する中で、効果的に国語学力を育むことが肝要である。「主体的・

対話的で深い学び」にしてもアクティブ・ラーニングにしても、その工夫された方法の一環である。

方法優先の観のある国語科授業の実態からあえて繰り返すが、方法は目標実現のための手段である。授業方法を工夫することは大事であるが、それ自体が目標ではない。目標を効果的に実現する「深い学び」でありたい。

## 6　最適な言語活動を授業に導入する具体例

それでは、具体的には、言語活動を充実することによって、どのように効果的に国語学力を育成することになるのか。この際、最も大事なことは、つけたい力と言語活動とが有機的に結びついていることである。つまり、《つけたい力の設定→最適な言語活動の導入→授業の実施→授業の振り返り》という過程になる。

したがって、この場合の言語活動は、国語学力を育成するための効果的な方法として導入される。方法は、目的・内容に規定される。どれだけユニークな方法（工夫）で授業するかが大事なことではない。要は、つけたい力を着実に育む最適の方法を求めることである。あるべきは、つけたい力である。授業は、そのつけたい力を効果的に付けるために行われる。このことを、一年生から六年生まで、読むこと（文学的文章・説明的文章）の授業の場合で、具体的に考えてみたい。

①読む力（書いてあることの大体や順序が読める）

「どうぶつの赤ちゃん」（一年）という教科書教材を利用することにする。教材文には、ライオンとしまうまの赤ちゃんが成長する過程・様子が書かれている。これを「書いてあることの大体や順序が読める」力を付けるために、「人間の赤ちゃんについて書いて発表しよう」という言語活動を導入することにする。身近な人間の赤ちゃんについて書くという明確な目的を持って、ライオンとしまうまの赤ちゃんについて読むことになる。課題解決のために、必然的に読まなければならない状況を作りだすのである。人間の赤ちゃんについて、何を、どのように書くのかを考えながら教材文を確かに読むことになる。つまり、書こうとすることは読もうとすること、そして書くことは読むこと、さらに書けることは読めることである。こうして言語活動を導入することを通して、他ならぬ直接の目標である読むことの力を効果的に育むことができるのである。段落ごとに内容を理解する授業などと比べてみれば、学習者の意欲的で活動的な学習、延いては学力が効果的についていく様子が想像できよう。

②読む力（登場人物の様子、行動、心情が読める）

この読みの力を付けるために、教科書教材の「おてがみ」（二年）を利用することにする。この教材を「音読劇にして幼稚園児に見てもらう」という言語活動を設定する。いきおい、がまくん・かえるくんの様子・表情・行動・心情等を想像力豊かに読まざるを得なくなる。つまり、音読劇にしようとすることが、読むこと（登場人物の様子・表情・行動、心情の理解）を目的的にし、効果的な読みを実現させることになるのである。

③読む力（登場人物の気持ちの変化が読める）

この中学年の読みの力を付けるために、言語活動として、登場人物の心情曲線を描くことを取り入れる。教科書教材「モチモチの木」（三年）を利用することにする。豆太の場面ごとの気持ちの変化を心情曲線で描くことによって、登場人物（豆太）の気持ちの変化（臆病・勇気）を視覚的に読み取る（可視化する）ことができる。

④読む力（登場人物の気持ちの変化が読める）

同じくこの中学年の読みの力を付けるために、言語活動として、紙芝居を作ることを取り入れる。教科書教材「アップとルーズで伝える」（四年）を利用することにする。文章全体の問いの部分（はじめ）、アップとルーズがそれぞれ伝えられることと伝えられないことを述べている部分（中一・二）、そして、それをまとめている部分（終わり）、四枚で作るとする。もちろん紙芝居の出来不出来は問わない。あくまで本文を構造的に読む力を育てることをねらっている。紙芝居を作るという楽しい作業が、必然的な読みを促すことになるのである

⑤読む力（要旨をとらえ、自分の考えを明確にする）

この高学年の力を付けるために、言語活動として、意見文を書くことを取り入れる。教科書教材「テレビとの付き合い方」（五年）の場合で考えてみる。文章を読んで意見文を書こうとすると、筆者の主張をまずは正しく理解する（要約・要旨）ことが前提となる。そして、それに対して、自分の意見を表明することになる。「あなたの主張はこうですね。それについて、私は、……」となって、この場合も読みが必然の状況で行われることになる。つまり、ここでも、書くことは読むことである。

⑥読む力（優れた描写・叙述について自分の考えをま

とめる）

この高学年の読みの力を付けるために、言語活動として、推薦文を書くことを取り入れる。教科書教材「海の命」（六年）の場合で考えてみる。推薦文を書く活動は、特に描写・叙述に着眼して推薦文を書こうとすると、いきおいそうした観点から本文を読むことになる。気になる、心に残る描写・叙述を見つけて、それを私のお気に入りとして薦めることになる。

以上、説明文・物語文の読みの授業で、最適な言語活動を取り入れることが深い学びにつながる具体例を考えてきた。「リーフレットを作る」、「本の紹介文を書く」、「案内パンフレットを作る」など、適切な言語活動をさらに工夫することによって深い学びが実現し、意欲的・活動的に学習に取り組む中で学力が効果的についていくことになる。つまり、こうした学力育成に直結した最適な言語活動こそ、国語科における言語活動の充実として考えられなければならないのである。これらの実践で共通しているのは、「まず学力ありき」である。次いで、その効果的な言語活動を工夫しているところである。その言語活動の多くは書くことであり、作ることである。書くにしても、作るにしても、その前提として読まざるを得ない、まさに、「実の場」に立たされることになる。この「実の場」で、興味深い言語活動に取り組むことによって、学習者は本気で読むことになる。この本気で読むことが効果的に学力を育成することになるのである。

## 7　おわりに

はじめに学力ありき——授業においては、付けたい力が最優先である。付けたい力を効果的に付けることができる学習方法として、言語活動の充実が望まれる。「深い学び」もその一環である。学習者が興味・関心、意欲を持って学習する中で、学力は育まれるからである。

言語活動の充実は、見方を変えれば、指導目標と学習目標について考えることになる。指導目標（指導者）と学習目標（学習者）との二重構造である。つまり、興味を持って、意欲的に学習する（学習目標）中で付けたい力を着実に付けていく（指導目標）、そうした効果的な学習指導法（授業改善）が実現しているのである。

教室の主人公は学習者であるが、教室の責任者は教師である。最後に、このことを改めて銘記しておきたい。

# 2　国語の探究型授業とは何か
## ――新しい授業論・国語教育の焦点課題

阿部好策（新潟大学名誉教授）

### 1　新学習指導要領の射程圏

**◆応酬する刀がさびていないか**

広島の私大を三月に辞めたが、読み研の議論に刺激され、投稿させてもらった。阿部昇氏は新指導要領のアクティブラーニング論に「活動主義に陥る危険」を感じつつも、それを生かすべく、探究論や学習集団論との関連を考察する。私はこの積極姿勢を評価したい。

二〇〇〇年初めには文学教育論争（『文学の力×教材の力』『西郷文芸学の新展開』など）もあった。この文学畑の高尚な議論や国際的な学力議論を、学習指導要領や教科書の現状と結びついた授業論としてとらえ直すことが、いま求められていると思う。

ただ平成の指導要領は、授業論では「教師中心の一斉授業」が標的だ。今回も対案で子どもの主体的な話し合いを強調し、「またか」と既存の実践で応酬したくなる。現在は「生きる力」がめざされ、H10以降の総合的学習や活用型学習は教科書を越える枠組みとなる。標的は同じでも射程圏がちがうことをふまえる必要がある。

**◆基礎学力の変更と教材づくり**

『新しい学習指導要領の考え方』（文科省）によれば、アクティブラーニングは「活用に関する問題（いわゆるB問題）が…授業改善に大きな影響を与えた」（二一〇頁）流れと関係する。だからH27の言語活動・検証報告も「明確な意図を持たない言語活動」を批判する。

この報告も「活動主義の危険」の指摘だが、私としては監視つき政策文脈の存在と、文脈が「発問・助言の圏外」も強調したい。数学A問題の出題趣旨は計算操作、計算のしくみの理解、実生活上の意味理解の三つ。この対応でも「教材づくり」がいる。B対応も含め、教科書の資料作成は大忙し。力試し・補充問題・チャレンジ・巻末問題と増え、「他力本願」は選択不能になる。

国語B問題は、たいてい課題文と別の資料が準備され、元の文章の熟考・評価になる。授業なら教科書を越える「比べ読み」だ。土台のAは課題文の意味理解、自分の考えへの消化、観点や根拠を伴って相手に伝える意見の三つ。教科書の後書きが調査・発表用の「教材づくり」を示唆する。また説明のし方や対話・討論のし方は、学校生活全体を「教材」にした育成が強調される。

### ◆射程圏外となる学習集団づくりの課題

対話・討論は「し方の指導」より、皆で話し合いたいと思う仲間意識が重要だ。「協同的な学習のし方」では射程圏外となる集団づくりの課題を補足したい。

経済成長で学校が信頼された時代は、必要性が見えない教科書の学習でも、「班」で頑張る子どもたちがいた。今は、現実探究で集う興味・関心のグループづくりや関係の希薄化に応じたホームグループづくりもいる。その上で、中高一貫・スーパー校づくりで揺れる一般校が問題だ。授業に集中せず、笑いをとる順位やスマホいじりの優劣を競うスクールカーストが広がる。上からの教育改革の惨状をふまえた集団づくりが必要になっている。

## 2 「探究」を見直す

### ◆忘れられた原点実践

現在は教師による教材の編成や、教科書を越え出る単元づくりが求められる。H10から教職科目に「教育課程」が増え、シラバス検定では「どこで教育課程を編成する力をつけるのか」と注文がつく。それを通過しても、実習などでの実践的な方向づけが進まない。

私自身は八〇年代の『教育』で「生きる力」の議論に出会うが、寒い話も付く。当時の恵那では、理科の「植物の発芽」(小5)を人の性を加えた内容に直し、思春期の性を扱う実践が有名だった。(1) 地域や子どもの課題から教科書を発展的に見直す実践である。私は地域民教の司会者で教師の問いを話題にしたが、不満声が多い。ついに田中孝彦氏らの助け舟だ。「皆さん、世の中には、教科書で教えることを通して一時間の授業のあり方を大切にする学者もいます。理解してあげましょう」。
「私の教育課程づくり」を知らない人は、「課題の発見・解決に向けた主体的・協働的な学び」も一時間の授業のあり方になる。佐藤学氏に「学びは私が言い出したことだね」といわれ、困った。生活や生き方とかかわるはずの学びが、たいてい「主体的学習」だからである。

## ◆教育課程づくりの後退

このすりかわりは活用や探究でも起きる。まず活用は単純な応用学習で「実生活への応用づくり」にならない。探究はH20の『総合の時間編』が課題の設定、情報の収集、問題解決の検討…などと詳述する。ただこれを、管理的なイベント総合の反省だと理解し、子どもが地域課題を探究する実践が増えたとは思えない。

国政研ではH19の基盤研究時から、問題解決学習が結局は体験重視になる懸念があった[2]。H20にはゆとり教育・学力低下で世論がわく中、「詳述」に反して総合の時数は減る。これで「教育課程づくり」への関心は萎え、探究はせいぜい教科書の「後書き」利用になった。国語は同じ作者の本を班で紹介し合う。算数は身近な課題を考え合う。動きを読んだ広島型カリキュラムづくり（H22〜）も、資料の「強制」にとどまった。

この変化の中で、H27の映像問題（数学B）は正答率が過去最低だ。光源が画面から離れると「映像は大きくなる」（比例）が「映像は明るさを失う」（反比例）という事態を考える。教科書は（未使用の巻末問題以外）比例と反比例が別々の学習だ。大きさ・明るさの両面で考える「実生活への渡り（活用）」はない。

だから今「教科書越境の教育課程づくり」を強調せざるをえない。ただ恵那の教育が、性をタブー視する地域文化やマスコミが騒ぐ「男か女かわからん奴」の問題にぶつかるように、既存の知識の活用だけで現実への渡りは完成しない。「アクションを起こす」は事態に変革的に立ち向かうことだ。その「学びの企画」がいる。

## ◆教師も学び直す探究

七〇年代には問題解決学習の延長線上に、学び方の指導と転移力のある知識を加えた「課題探究」が重視された。ブルーナー理論が契機だが、探究はその後も議論され、近年は『拡張による学習』と関係する。ここでは、現実界に変更を加える応用的学びが元の知を見直す翻訳的学びになる[3]。関連して二〇〇六年の『キー・コンピテンシー』も「元の知識、技能、戦略を翻訳し適応させる」（七〇頁）とする。要するに、現実課題を考える学びでは、社会の現状が知識の見直しを求めるのである。

「昔は教師が知っていることを、子どもが探究すると考えた。あなたも同じですか。それとも教師も探究しますか？」。私のコメントに、指導要領に忠実な国政研の基盤研究はフタをする。「探究」は活用的に教え・導く学習でなく、教師も学び直す共同探究的な学習である。そこでは「実在との関係をぬきにした操作主義[4]」—単なる思考手続き論に陥らないことが肝要だ。

## 3　国語の探究型授業

### ◆説明文の議論化と共同探究

H19の中学国語B問題には、ロボットとの「共存」で工業会のHPを読んだ後、他の資料も調べ、レポートさせる手続きがある。また小3の「すがたを変える大豆」の後書きは、小麦や米の変化も調べて発表させる手続きを提案する。この種の手続き論には、子どもが真剣に悩む「探究課題」がない。一生懸命に考えることがない学習で、思考力・表現力が育つはずがない。

「現実課題」とかかわる探究は、ロボット普及の一方的主張にはついていけない。ロボット導入は人材合理化だし、誤作動の微妙な狂いで返品・倒産の危険もある。一方的主張を、今や多くの町で起こる「**ロボット導入のメリットとデメリット**」としてとらえ直し、導入中止の調査も含む議論の中で、誤作動に気づく熟練工の意義や、研修助成なども考えさせるべきだろう。

『すがたをかえる大豆』（小3）は、大豆の八〇％が「油に変わる」などの説明不足も含め、今日的妥当性が怪しい。H25の新聞報道では、台湾の豆腐づくりが農薬や遺伝子組み換えの大豆を嫌い、安い米国産から高値の北海道産に替えた。それが大豆の食文化や、簡単に信用できない「人々の知恵」の現状である。今や教科書を批判的に分析しつつ、「**食品化の工夫と食の安全**」をめぐる調査や議論へと変更すべきである。

私は教科書の分析では「批判」を強調したい。わが国の説明文はピサの課題文（『落書き』、『在宅勤務』など）のように今日的議論を示さず、一方的ロジックが多い。しかも中身が検定経緯も絡む古い情報や、元の論文の極端な圧縮、また特定の立場での主張が多い。

『天気を予想する』（小5）は「突発的な天気変化」も当てる予報重視だが、地方では防災対策が切実だ。実は教科書の資料はH20まで。その後の**「予報と防災の比重」**議論はない。この気づきで教え子の学級は活性化し「今や一％の精度上昇にも大気検査で多額の金がいる。防災対策の方が大事」となった。この教材では文と図表の対応を捜すピサ型も横行する。「文と図表の対応にごまかしや不十分さがないか」の熟考こそが大切だ。

『クジラの飲み水』（中1）で、大隅清治氏は元の論文から鯨の腎臓の働きを省く。その適否を「選択」させる新潟市の授業改善は文科省推薦になる。だがこの小論は、腎臓が塩分を効率よく海に戻し、魚の餌となる多量の糞を生む「摂理」の中にある鯨より、大量の捕食で水分を造る鯨の力を印象づける。これは捕鯨推進派の論法ではないか。「捕鯨賛成・反対の根拠比較」にすべきだ。

## ◆物語教材の場合

### ①語り手の批評性と作者の批評性

新指導要領が文学授業の「深い学び」をめざすなら、「とにかく書かせる」式の表現偏重を反省すべきだ。H19の『蜘蛛の糸』（中学B）も、最終場面が必要か否かの「選択」で、内容の深まりを考えさせない。「読解力と表現力の統一的向上」をめざす必要がある。

広島の学テはほぼ高順位だが『目黒のさんま』が載るH26の中学Bは突然の二八位だった。この落語は殿様の世間知らずを笑う話だが、「賢い殿様に家来が学ぶ」とする解釈が多い。教師の教訓主義の先取りで「できる子」が批判的に読めない気がする。この点でまずは、田中実氏の「語り手の批評性」に学ぶべきだ。

『少年の日の思い出』（中1）は、昔話を語るお客と、その話を紹介する店主の二重性から「語り手」に注目する教科書が多い。たいていは小3で習う「お話を語る役」を明確にして「心情変化」まで迫らせたい。結局、お客の「僕」が蝶の標本を盗んだ後悔話になる。だが田中氏らは店主の「私」の批評性に注目する。蝶の標本化で僕と友達が持つ異常な美意識や、そこから一方的に相手を断罪する憎しみが、僕には見えていないとする。(5)

『モチモチの木』（小3）を例に、西郷竹彦氏は作者が語り手の「いいかげんさ」も表出するとする。(6)「勇気がない」と嘆く教訓主義の語り手を登場させ、その期待とは裏腹な豆太の行動を考えさせる創作民話だという。

『狐の窓』（小6）では、主人公を「全くぼんやりしていた」と批評する語り手自身が、「いつでしたか」とあいまいだ。今もおかしい語り手への批評性が読める。

### ② 「学び」を深めるテーマの必要性

主人公中心の単純な教訓主義にはこうした批評性がいる。ただ、それを含む吟味読みだけでは、現代的課題とかかわる学びに「自覚的」とはいえない。読み研は、構造読み・形象読み・吟味読みで深める単元構成論を展開する。最近は教科書も扱う物語の「構成」にも通暁する。しかし、読み研がいま比べ読みなどで子どもと共に「学び」を深めるためのテーマ、が見えない。

例えば文芸研は、七〇年代の「国民の課題」である平和・労働・人権をテーマに、『はぐるま』などの読本作りを行った。またH6以降は「今日の教育課題」である人権や環境問題で総合学習にも取り組む。文芸研は重たいテーマ主義だけに傾かないよう「生きた人間をわかる認識方法」での関連指導も検討してきた。

私は、文芸研が『改革試案』（S51）の総合学習論にこだわる点は気になる。文芸研は説明文にある観点・比較…弁証法などの「説得の論理」を他領域にもある認識方法として見直し、「教科をつなぎ、総合学習に発展させる」とする。H16には徳水博志氏が「理科的な内容に絞って森・川・海の生態系の認識」を育てる『環境教育』を提案した。[7] だがこの実践は、出発点となる学者の講演や資料を説明文とすれば、その理科的内容を調査的にも検討する優れた説明文の授業といえる。

総合学習の元実践は、公害の要素も調べ方も載らないような教科書知識を再編する「優れた教科学習」だった。徳水実践も同様で、普通の教科書にもある観点・比較…などの「説得の論理」を、今日的な議論視点や調査的実証で見直す教科学習だといえる。現実問題を扱うと他教科の知識も関係するからといって、多教科で「つかみどころのない」総合学習がいるわけではない。

### ③ 『海のいのち』（立松和平）のエコロジー批評

関係教科を「つなげる・広げる」文芸研は、文学独自の「教材価値の見直しと相対化」（田中実）は消極的に見える。徳水氏は『海の命』が環境教育に必須の相関（連鎖・連関）を扱うという。それでいいのだろうか。

『海のいのち』（小6）は小説→絵本→教科書で省略が

増え、飛躍する深読みになりやすい。「千匹に一匹でいい」「毎日タイを二十匹とる」という狭い瀬の（与吉）一人の漁法から、海や海の命を守る「哲学」を読む。だが広い海では、そんな漁法より禁漁期間や漁獲高の取り決めの方が重要だ。また与吉のエコ哲学が焦点なら、クエの解放では「与吉じいさ、ここに…」となるし、その後の積極的な「保護」がないのもおかしい。

この教材は「作家と画家の緊張関係」（ポプラ社）で再構成したとされる絵本が元で、「文と絵」を読む新しい学力を指摘する研究もある。絵本だと、中間浮上シーンが「父を破った瀬の主なのかも…」と追想する場面割になる。父を越えたい太一には、彼がロープを巻いて怪死した謎解きも課題だろう。太一は不動のクエを前に「永遠にここにいられる」気になる。その「ここ」に同様に興奮した父を重ねたと見るのはどうか。

太一は、人間中心の「感謝と畏敬」で生きる世代の代弁者だ。魚が減っている時も、自分だけの漁場や漁法を見つけて漁をする。その知恵や体を張る興奮で、ただ潜むだけの高級魚を「勝負」の対象にしたり、恵みを許す「ヌシ」へと仕立て上げる。この人間中心主義は、佐渡のこぶ鯛観光やイルカ鑑賞のような「保護と共存」を考える漁師の生き方とは次元を異にする。

### ④ ヒューマニズムの見直しと新しい授業づくり

田中・須貝氏は伝統教材の「他者性」が弱いという。[8] 『大造じいさんとガン』（小5）には、ガンを鉄砲で迎え、「堂々と戦おう」という勝手な土俵づくりがある。『ごんぎつね』（小4）は、死んだからし方がないと祠に祭り、村民育成のこやしにする。ここでは、相手の立場に立つ住み分けや保護の考えはない。

日本の文学教育は『赤い鳥』以来のヒューマニズムの二面性を扱えてないと思う。ヒューマニズムを「人間らしさの解放」とすれば、抑圧の下での人間の努力や美談に皆で相乗りする。この点でピサの『贈り物』は新鮮だ。洪水と豹の侵入の抑圧状況で、女性の頑張りやハムをやる優しさだけを焦点にしない。豹の苦しそうなほえ声やいきなり撃つ「女性の残酷さ」も考えさせている。

『一つの花』（小6）の美談には加害の視点がない、[9] と村上呂里氏はいう。異質な者の共生論とはちがい、ヒューマニズムは「同質世界」にこもることでもある。かつて児童文学教材だった『ビルマの竪琴』などは、僧侶の演奏を禁じたビルマ仏教を調べもしない美談だった。学校教材としてのヒューマニズム文学が扱い損ねた少数者や社会的弱者の視点を反省したり、異質交流の難しさを掘り下げる比べ読みが必要だろう。

人間中心主義を見直す難問の前では「構成」も変わる。『もののけ姫』（宮崎駿・H5）では、森の主の怒りで大災害になる結末が、それをとめようする人間界のアシタカと狼娘のサンの異質交流も生むため「その後のクライマックス」が話題になる。例えばアシタカは人間のためのタタラ場の再生と、それを嫌う恋人サンとの折り合いで「引き裂かれて傷だらけになる」（宮崎駿）。

フィンランドでは、子どものアニメ制作で『千と千尋の神隠し』が読まれたようだ(10)。現在の教科書がヒューマニズムをどう扱い、子どもはヒューマニズムをめぐるどんな文化状況にいるか。それを手がかりに、比べ読みだけでなく、教師と子どもが異質交流しあう演劇やアニメづくりも考えて欲しい。一人の教師が「うで試し」をする従来型の授業研究ではなく、研究者、学生や院生、市民など、皆が寄ってたかって楽しむ「授業づくり研究」の推進を願わずはいられない。

**注**

（1）石田和男『生き方を考える性の教育』あゆみ出版、一九八一年。
（2）下田好行「学習意欲向上のための総合的戦略に関する研究」科研費報告書及び学会要項、二〇〇七年。
（3）ユーリア・エンゲストローム著、山住勝広他訳『拡張による学習』新読書社、一九九九年、一八九頁。
（4）坂本忠芳『現代教育思想批判』青木書店、一九七四年、八八頁。
（5）田中実・須貝千里編『文学の力×教材の力　中学校編1年』教育出版、二〇〇一年。
（6）西郷竹彦監修『小学校三学年・国語の授業』新読書社、二〇一一年、一三七頁。
（7）徳水博志『森・川・海と人をつなぐ環境教育』明治図書、二〇〇四年。
（8）田中実「教材価値論を求めて」『日本文学』一九九六年四月号。須貝千里「狐語人語」学会要項、二〇一三年。
（9）田中実・須貝千里編『文学の力×教材の力　小学校編4年』教育出版、二〇〇一年、一一三～一一九頁。
（10）庄井良信・中嶋博『フィンランドに学ぶ教育と学力』明石書店、二〇〇五年、八八頁。

# 3 高次読解力を育てる学習課題と評価方法の工夫

間瀬 茂夫（広島大学）

## 1 はじめに

「言葉による見方・考え方」は、そのままでは、概念的なものにとどまり、実際の授業や学習を進めるうえでの指標とはしにくい。各領域、特に「読むこと」の学習指導を展開するためには、どのように考えればよいか。本稿では、このことについて、「深い学び」を実現する読解モデルを設定したうえで、それに沿った学習課題および評価方法の工夫について述べる。

## 2 「深い学び」と「言葉による見方・考え方」の文脈

### (1) 「言葉による見方・考え方」と「資質・能力」

「深い学び」と「言葉による見方・考え方」の二つの概念が特集のテーマとされているのは、どちらか一方を取り上げて考えればよい、というものではないからであろう。二つは関連して登場したものと考えられる。

二〇一六年の中央教育審議会答申では、別紙1として「中学校の各教科等の『見方・考え方』のイメージ」が示されているが、その中で、国語科の特質に応じた「見方・考え方」は、次のように定義されている。

> 自分の思いや考えを深めるため、対象と言葉、言葉と言葉の関係を、言葉の意味、働き、使い方等に着目して捉え、その関係性を問い直して意味付けること。

この定義自体は、これまでの国語や日本語、あるいは言語の見方を大きく変えるものではない。むしろ言語の特徴をよくふまえたものと言える。こうした「見方・考え方」が各教科について示されたわけだが、定義が意味を持つのはそれが必要になる文脈においてである。

答申において「見方・考え方」という用語が登場する文脈は、学力の三要素を三つの柱（生きて働く「知識・技能」の習得、未知の状況にも対応できる「思考力・判断力・表現力等」の育成、学びを人生や社会に生かそうとする「学びに向かう力・人間性等」の涵養）として再整理し、それらを獲得させるための学習プロセスであるアクティブ・ラーニングについて述べた後、改めて各教科を学ぶことの意義について問う局面においてである。その後には、再び「教科等を越えた全ての学習の基盤として育まれ活用される資質・能力」が問われ、言語能力も基盤となる能力の一つとして論じられる。答申においては、次のように述べられている（答申三三頁）。

> こうした各教科等の特質に応じた物事を捉える視点や考え方が「見方・考え方」であり、各教科等の学習の中で働くだけではなく、大人になって生活していくに当たっても重要な働きをするものとなる。私たちが社会生活の中で、データを見ながら考えたり、アイディアを言葉で表現したりする時には、学校教育を通じて身に付けた「数学的な見方・考え方」や、「言葉による見方・考え方」が働いている。各教科等の学びの中で鍛えられた「見方・考え方」を働かせながら、世の中の様々な物事を理解し思考し、よりよい社会や自らの人生を創り出していると考えられる。

生きてはたらく知識・技能も、思考力・判断力・表現力や汎用性のある学力も何らかの学習内容をともなってはじめて学習が成立するものである。しかし、こうした議論の文脈をふまえるならば、そこで身につけられる学力は、学習の際用いられた教材や学習内容にとどまったものではなく、それらを超えた状況において発揮されるものとして身につけさせる必要がある。そうした教科の学力に対する考え方を表したものが「見方・考え方」という方法的側面を強調した概念であると考えられる。

### (2) 「深い学び」と「見方・考え方」

「深い学び」は、どのような議論において登場しているか。「深い学び」という概念は、知識・技能の習得を補う形で用いられる（答申四七頁）。

> 単に知識を記憶する学びにとどまらず、身に付けた資質・能力が様々な課題の対応に生かせることを実感できるような、学びの深まりも重要になる。

ここでは、必ずしも教科で学ぶ学習内容の専門性を高める方向で考えられているわけではない。

では、「深い学び」と「見方・考え方」との関係はどのようなものか。「主体的・対話的で深い学び」の全体を定義する中で、次のように述べられている（答申五〇頁）。

> ③習得・活用・探究という学びの過程の中で、各教科等の特質に応じた「見方・考え方」を働かせながら、知識を相互に関連付けてより深く理解したり、情報を精査して考えを形成したり、問題を見いだして解決策を考えたり、思いや考えを基に創造したりすることに向かう「深い学び」が実現できているか。

このことからは、「深い学び」において新しい状況や課題に対応できる知識・技能として「見方・考え方」が位置づいていることを確かめることができる。

国語科における「深い学び」と「言葉による見方・考え方」との関わりについては、特に次のように述べられている（答申一三二頁）。

> 「深い学び」の実現に向けて、「言葉による見方・考え方」を働かせ、言葉で理解したり表現したりしながら自分の思いや考えを広げ深める学習活動を設けることなどが考えられる。その際、子供自身が自分の思考の過程をたどり、自分が理解したり表現したりした言葉を、創造的・論理的思考の側面、感性・情緒の側面、他者とのコミュニケーションの側面からどのように捉えたのか問い直して、理解し直したり表現し直したりしながら思いや考えを深めることが重要であり、特に、思考を深めたり活性化させたりしていくための語彙を豊かにすることなどが重要である。

国語科の「深い学び」においては、学習者自身が「見方・考え方」を働かせて理解や表現をすること、またそうした言語活動を問い直して意識化する過程、すなわちメタ認知の過程が重視されていることがわかる。

## 3　「見方・考え方」の「読むこと」への展開

### (1)　「言葉による見方・考え方」のとらえ直し

答申の別紙1に示された「言葉による見方・考え方」は、中学校の国語科の授業を想定した際の「イメージ」であり、絶対的なものではないが、これを契機に、国語科における「見方・考え方」をとらえ直してみたい。先の定義は、次のような要素を含むと考えられる。

a　自分の思いや考えを深める…ことばを用いた思考や活動を行う際の目的を示す。

b　対象と言葉の関係…語彙の指し示す物や事象、語句や文、文章によって表現される現象との関係を示す。

c　言葉と言葉の関係…ことばが組み合わされることによって生じる、修飾と被修飾、主語と述語などの統語関係、文と文、段落と段落の接続関係や整合関係、論理的関係を示す。また、古典語と現代語との意味の変化などの歴史的関係もある。

d　言葉の意味、働き、使い方等への着目…b、cの関係をとらえる際の着眼点を示す。語彙や語句の辞書的な意味や客観的な意味、文や文章、談話などの表現の中でのことばの機能、さらに実際の文脈の中で生じる語用論的意味などを観点として、ことばを分析したり、検討したりすることで、b「対象と言葉」やc「言葉と言葉の関係」が把握できる。

e　関係性を問い直して意味付ける…母語としての日本語において、右のような関係は、無意識的、無自覚的に把握されることが多い。dのような観点を設定して比較したり、分類したり、分析したりすることで、そうした関係が問い直され、問題化・意識化・自覚化される。

　これらは、従来の国語科の教科内容に含まれることであり、「これまでもやってきたこと」でもある。しかし、こうした言語の特性をふまえながら、「教材の読み取りが指導の中心になること」（答申一二七頁）や、教師の問い（発問）に対する応答（答え）に終始した授業からの脱却し、学習者自身に国語学力としての「見方・考え方」を身につけさせるには、どのように考えればよいか。

### (2) 読解モデルの設定

　先に述べたように、「言葉による見方・考え方」は、そのままでは、実際の授業や学習を進めるうえでの指標にはならない。そこで、「読むこと」について教師と学習者が共有する枠組みが必要になると思われる。そうした枠組みとして、次のような読解モデルを提案したい。(1)

①読みの構えを問う…本文を読む前に、読み手の既有知識を用いて推測を行うことでテクストに関わる力を問う。

②本文を問う…本文に明示的な情報・内容を理解する力

を問う。

③テクスト世界を問う…非明示的な内容を推論・解釈し、テクスト世界を理解する力を問う。

④書き手と読み手の関係を問う…テクストにおける表現方法・技法やレトリックなどの効果を分析し、評価する力を問う。

⑤テクスト世界と現実世界の関係を問う…テクスト世界における問題と読み手が存在する現実における問題とを関連させて考える力を問う。

これらは、「読解」についての次のような認識に基づいている。まず、文章を理解することは、コードを用いて意味を読み解くという側面（②）ばかりでなく、読み手が何らかの目的をもってテクストと対峙し（①）、自らの持つ知識を用いて言語表現を手がかりにして仮説を立て、自分なりの解釈や新たな意味を生成するという側面（③）が大きいと考えられる。

次に、読むという行為は、文章の書き手と読み手との対話であると考える。文章表現は、語り手がだれかに語るという構造をとらざるを得ない。そのため、書き手の認識や思想は言語によって規定されているが、かといって自らの認識や思想を文章表現にそのまま写すことはできない。文章表現においては、読み手に対して効果的に伝えるためにさまざまな表現方法が用いられたり、意図的あるいは無意識的に物事の一部や一面のみが語られたり、そのことがうまくいかなかったりといったことが生じる。したがって、読み手は意味を生成し、テクスト世界を理解するとともに、そうした書き手による文章の表現行為を評価しながら読み進める。④は、こうした側面を取り立てたものである。

さらに、文章を読むことは、言語的情報を処理する行為としてではなく、そのことを通して書き手や読み手が自らの知識や認識を更新する行為であると考えている。書き手は、既定の知識を前提や根拠として、自らが新たに到達した認識を読み手に伝えようとする。読み手はそれを受け取るとともに、自らの既有の認識に取り込み、認識を更新するべきかどうかについて批判的に判断する。⑤の過程は、こうした側面に沿ったものである。

こうした「読むこと」の一連のプロセスは、教師の問いや指示によってのみ進められるのではなく、教師と学習者の間で共有され、今何を学習しているのか、どのような学力を身につけようとしているのかについて、学習者自身が自覚することが、発達段階や各学年における学習指導の進展に応じて必要になると考える。そのことで、「身に付けた資質・能力が様々な課題の対応に生かせることを実感できるような」学習になると思われる。

## 4 「深い学び」を実現する学習課題と評価のあり方

### (1) 「読むこと」の学習課題の工夫

広島県高等学校教育研究会国語部会（部会長：小路口真理美・広島県立呉三津田高等学校校長）では、「授業改善セミナー」と題した研修会を毎年開講し、研修および公開授業を行う中で、こうした「読解モデル」をふまえた高次の読解力を育成する授業を探究してきた。特に昨年度までの三年間は、学習課題と評価方法の工夫について、会員の先生方が次のような教材による授業実践研究を行った。

◇二〇一五年度

「木曾義仲の最期（平家物語）」を扱った古文の単元においては、語り手が木曾義仲に対する評価として、どのような価値観の対立を問題として提起しているかを分析する学習課題を設定した。これは、読解モデルにおける⑤テクスト世界と現実世界の関係を問う課題である。

◇二〇一六年度

「垂直のファッション／水平のファッション」（鷲田清一）を扱った評論の単元においては、「垂直のファッション」と「水平のファッション」の各説明部分において、副詞や文末表現などにどのような表現上の特徴が見られ、それが筆者の価値判断や主張とどのように関係しているかについて分析する学習課題を設定した。これは、説明におけるレトリック表現の効果、④書き手と読み手の関係を問う課題である。

◇二〇一七年度

「文学の仕事」（加藤周一）を扱った評論の単元構想においては、孔子と牛の例、少年を救う男の映画の例、老いた俳優の芝居の例という三つの事例と、筆者の主張との間に見られる一貫性を推論したうえで、三つの例による表現効果を評価する学習課題を設定した。これは、③テクスト世界を問うとともに、④書き手と読み手の関係を問う課題である。

「性善説」（孟子）と「性悪説」（韓非子）を扱った漢文の単元においては、「性善説」と「性悪説」をそれぞれ主張する際の根拠を比較分析して、自分の立場を考えさせる学習課題を設定した。これは、④の書き手と読み手の関係を問う課題である。

「ありがたきこと（枕草子）」（清少納言）を扱った古文の単元においては、自分たちが挙げた「ありがたきもの」と清少納言が挙げた「ありがたきもの」の違いはどこにあるか、なぜ違いがあるのかについて考える学習課題を設定した。これは、⑤テクスト世界と現実世界の関係を問う課題である。

「自然に学ぶ」（養老孟司）を扱った授業単元において、身近な生活の中から「私たちの行動に影響を与えそうなもの」の例を挙げ、「影響の有無」および「抽象／具体」という二つの観点で事例の評価を行う学習課題を設定した。これは、⑤テクスト世界と現実世界の関係を問う課題である。

このように、個々の教材の内容に対する教師の問いに答えるという学習過程だけでなく、教材の特性を活かす幅を持った一定の枠組み（汎用的な読解モデル）に基づいて設定された学習課題に取り組む中で、当該の教材の要旨の把握や構成の理解にとどまらない、文章表現の特徴や効果を分析したり、文章と現実との関係について考えたりする高次の読解力が「言葉による見方・考え方」として身につくものと考える。これらの学習課題に取り組む過程においては、評価方法についても次のような工夫を行うようにしたい。

### (2) 評価の工夫

アクティブ・ラーニングを取り入れた国語科の授業の中には、学習課題が大きくて時間内に終わらない、グループの発表はあるが評価がないといった授業もしばしば見られる。そうしたことが繰り返されると、学習が定着しないばかりか、長い目で見れば、言語活動を中心とした学習への学習者の信頼が損なわれかねない。単元の進展に合わせて、適切な評価を行うことを心がけたい。

◇単元の導入段階の評価方法の工夫

導入段階において、疑問や問いの作成など、疑問や課題を発見し、学習課題を設定する学習活動が行われた際には、それらをランクづけるような評価（評定）はふさわしくない。作成した問いがどのような種類の問いかを分類したり、位置づけたりするような診断的な評価が行われるべきである。

◇単元の展開段階の評価方法の工夫

本文の要旨や構成を把握した後、文章の中核となる部分について分析したり、評価したりするような思考を深める学習活動を行った際には、授業の中でできる簡便な方法で評価を行いたい。読みの正確さを評価する観点と、思考の深まりを評価する観点の二軸を設定し、板書を活用した形成的な評価が効果的であろう。より確実に身につけさせたいときには、宿題や次の時間に再度考えをまとめる時間を取るなどして、文章化させ、ルーブリックを共有してより厳密な評価を行うとよいであろう。

◇単元の発展・まとめ段階の評価方法の工夫

発展やまとめの段階の学習課題としては、テクストと学習者の現実とを結びつけるような学習課題を設定するのがよい。そうした学習課題は、ルーブリックを共有することで目標を明確にし、ひとまとまりの文章や作品として完成させた後、評定を行うことになる（総括的評価）。ただし、ここでもルーブリックを用いて自己評価や相互評価を行った後に、教師による評価を行う必要がある。

## 5　おわりに

教育改革に限らないが、変化に対して取るスタンスには、「これまでもやってきたもの」として静観する立場、「新しいことをやらなければ」として率先する立場など、いくつかのものがある。ＰＩＳＡ型読解力、言語活動の充実、アクティブ・ラーニングなど、どちらの立場も取り得た。私は、一人の教師において両者の観点から検討することが必要ではないかと考える。これまでの教育実践の中で「深い学び」が実現したり、「見方・考え方」が働いたと実感したりした授業はどのようなものであったか。一方、新たに「深い学び」となる学習や「見方・考え方」を育てる授業を開発するとしたら何が必要か。本稿では、そうした観点から「深い学び」「見方・考え方」と「読むこと」の学習指導について述べた。

注

（1）拙稿「高等学校における高次読解力の評価のあり方」（『国語教育研究』第五六号、二〇一五年三月、二一九～二三〇頁）に詳しい。

# 4　「深い学び」をどうとらえるか
## ――教科の本質を追求する授業のあり方

石井　英真（京都大学）

### 1　なぜ「深い学び」が求められているのか

新学習指導要領では、世界的に展開するコンピテンシー・ベースのカリキュラム改革を背景に、「資質・能力」の育成や「主体的・対話的で深い学び」としてのアクティブ・ラーニング（ＡＬ）が強調されている。しかし、資質・能力ベースやＡＬの強調については、教科内容の学び深めにつながらない、態度主義や活動主義に陥ることが危惧されてきた。こうした状況に陥らないために、内容を伴った思考力の形成や教科の学びとしての中身のある話し合いになっているかどうかを問うものとして、「深い学び」の必要性が提起された。ところが、「深い」という言葉だけでは、それを実現する手立てが見えないし、教科の本質を追求することが教科横断的で汎用的な資質・能力を育成することにどうつながるのかの見通しも見えない。「見方・考え方」概念は、これらの課題に応えるものとして提起されるようになったと考えられる。

では、「深い学び」「見方・考え方」といった概念をどうとらえていけばよいのか。その奥にあるメッセージを受け止めながら、教科としての質が高くかつ汎用的でもあるような学びをどうデザインしていけばよいのか。本稿では、これらの問いについて考えてみたい。

### 2　「主体的・対話的で深い学び」をどうとらえるか

「深い学び」という言葉には、外的活動における能動性だけでなく内的活動における能動性も重視する必要性を提起した、ディープ・アクティブラーニングの考え方の影響を見ることができる（松下、二〇一五）。学習対象の表層的で断片的な事実を暗記したり、学習課題を表面的にこなしたりする浅い学習でなく、認知過程の内化と外化を通じて、学習対象に関わる知識や経験を関連付け意味を構成するなど、深い認知的処理を施して、理解を深め、対象に没入していくというわけである。

また、ALのような学習者主体の授業の重視も、伝達されるべき絶対的真理としての知識ではなく、主体間の対話を通して構成・共有されるものとしての知識という、知識観・学習観の転換が背景にあるのであって、対象世界との認知的学びと無関係な主体的・協働的な学びを強調するものではそもそもない。学習活動は何らかの形で対象世界・他者・自己の三つの軸での対話を含んでいる。ALの三つの視点も、学習活動の三軸構造に対応するもの（対象世界との深い学び、他者との対話的な学び、自己を見つめる主体的な学び）としてとらえることができる。

このように、自己や他者と向かい合うだけでなく、対象世界と向き合うことも忘れてはならないというメッセージが、「主体的・対話的で深い学び」という順序に表れている。ところが、よくよく考えてみると、グループで頭を突き合わせて対話しているような、真に主体的・協働的な学びが成立しているとき、子どもたちの視線の先にあるのは、教師でも他のクラスメートでもなく、学ぶ対象である教材ではないだろうか。ALをめぐっては、学習者中心か教師中心か、教師が教えるか教えることを控えて学習者に任せるかといった二項対立図式で議論されがちである。しかし、授業という営みは、教師と子ども、子どもと子どもの一般的なコミュニケーションではなく、教材を介した教師と子どもたちのコミュニケーションである点に特徴がある。この授業におけるコミュニケーションの本質をふまえるなら、子どもたちがまなざしを共有しつつ教材と深く対話し、教科の世界に没入していく学び（その瞬間自ずと教師は子どもたちの視野や意識から消えたような状況になっている）が実現できているかを第一に吟味すべきだろう。教科学習としてのクオリティを追求することとアクティブ・ラーニングは対立的にとらえられがちであるが、教科本来の魅力の追求の先に結果としてアクティブになるのである。

## 3　教科の本質を追求する授業とは

教科学習としてのクオリティを追求するというと、この内容を押さえているかどうか、このレベルまで到達させているかどうかといった具合に、内容面からの議論に視野が限定されがちである。しかし、資質・能力ベースのカリキュラム改革においては、目の前の子どもたちが学校外での生活や未来社会をよりよく生きていくこととのつながりという観点から、既存の各教科の内容や活動のあり方を見直していくことが、いわば、「真正の学習（authentic learning）」（学校外や将来の生活で遭遇する本物の、あるいは本物のエッセンスを保持した活動）の保障が求められている。個別の知識・技能を習得している「知っている・できる」レベルの学力（例：その代名詞がだれを指しているかを答えられる）や、概念の意味を理解している「わかる」レベルの学力（例：登場人物の心情をテクストの記述から想像できる）のみならず、実生活・実社会の文脈において知識・技能を総合的に活用できる「使える」レベルの学力（例：自分の好きな物語の魅力を図書館の利用者に伝えるために紹介文を書く）の育成が求められているのである。

学ぶ意義も感じられず、教科の本質的な楽しさにも触れられないまま、多くの子どもたちが、教科やその背後にある世界や文化への興味を失い、学校学習に背を向けていっている。社会科嫌いが社会嫌いを、国語嫌いがことば嫌い、本嫌いを生み出している。「真正の学習」の追求は、目の前の子どもたちの有意義な学びへの要求に応えるものなのである。

ただし、有意義な学びの重視は、教科における実用や応用の重視とイコールではない。教科の知識・技能が日常生活で役立っていることを実感させることのみならず、知的な発見や創造の面白さにふれさせることも学びの意義の回復につながる。よって、教科における「真正の学習」の追求は、「教科の内容を学ぶ（learn about a subject）」授業と対比されるところの、「教科する（do a subject）」授業（知識・技能が実生活で生かされている場面や、その領域の専門家が知を探究する過程を追体験し、「教科の本質」をともに「深め合う」授業）を創造することと理解すべきだろう。そして、「教科する」授業は、教科の本質的かつ一番おいしい部分を子どもたちに保障していくことをめざした、教科学習本来の魅力や可能性、特にこれまでの教科学習であまり光の当てられてこなかったそれ（教科内容の眼鏡としての意味、教科の本質的なプロセスの面白さ）の追求でもある。

教科学習の本来的意味は、それを学ぶことで身の回りの世界の見え方や関わり方が変わることにある。「義和団の乱」「義和団事件」「義和団運動」という歴史的な出来事の表現の違いが生み出す意味の違いを理解した上で、そうした言語感覚をもって目の前の現実にもどって、新聞やニュースの表現を吟味することで、そこに込められた含意が見えてくるといった具合である。それは、教科内容の眼鏡としての意味を顕在化することを意味する。

また、教科の魅力は内容だけではなく、むしろそれ以上にプロセスにもある。たとえば、歴史科の教師のほとんどは、子どもたちが、一つ一つの歴史的な出来事よりも、それらの関係や歴史の流れを理解することが大事だと考えているだろう。しかし、多くの授業において、子どもたちは、板書されたキーワードをノートに写しても、教師が重要かつ面白いと思って説明しているキーワード間のつながりに注意を向けているとは限らない。まして、自分たちで出来事と出来事の間のつながりやストーリーを仮説的に考えたり検証したり、自分たちなりの歴史認識を構築したりしていくような「歴史する（do history）」機会は保障されることがない。

教材研究の結果明らかになった知見でなく、教材研究のプロセスを子どもたちと共有することで、多くの授業で教師が奪ってしまっている各教科の一番本質的かつ魅力的なプロセスを、子どもたちにゆだねていく。たとえば、教師の間で物語文の解釈をめぐって議論が起きたなら、テキストの該当部分についてその論点を子どもたちとも議論してみる。教科書への掲載にあたって改作された作品について、原文との表現の違いを検討したなら、子どもたちにも比較検討をさせてみるといった具合である。ここ一番のタイミングでポイントを絞ってグループ学習などを導入していくことで、ALは、ただアクティブであることを超えて「教科する」授業となっていく。

### 4 「見方・考え方」をどうとらえるか

教科の本質の追求に関わり、新学習指導要領は、教科等の特性を生かした深い学びを構想するキーワードとして、「見方・考え方」という概念を提起している。「見方・考え方」とは、教科の個々の内容を忘れても学習者に残るものであって、教科の内容知識と教科横断的な汎用的スキルとをつなぐ、各教科に固有の現実（問題）把握の枠組み（眼鏡となる原理：見方）と対象世界（自然や社会やテキストなど）との対話の様式（学び方や問題解決の方法論：考え方）ととらえられる。そして、新学習指導要領において、「見方・考え方」は、質の高い学びの過程を生み出す手段でありかつその結果でもあるとされている。

学びの質を保証するには、何について、どのように学んでいるかという、内容とプロセスの両面において教科の本質を追求することが肝要である。「見方・考え方」は、プロセスが本質を外していないかどうかを判断する手がかりと考えることができる。「見方・考え方」は、どの活動を子どもに委ねるかを判断するポイントとして、また、そのプロセスが自ずと生起する必然性のある課題を設計する留意点としてとらえられ、その意味で質の高い学びの過程を生み出す手段なのである。

次に、「見方・考え方」が質の高い学びの過程の結果であるという点をふまえれば、知識や概念が「見方」として学ばれ、スキルや態度がその人のものの「考え方」や思考の習慣となるような、生き方にまで響く教科の学びが追求されねばならないという、まさに学びの深さへの問いが浮かび上がってくる。「見方・考え方」として示されたプロセスを盛り込んで学習活動を設計することで、「使える」レベルの思考を含む、認知的に高次で複合的な学びをデザインすることはできるだろう。しかし、認知的に「高次」であることは、「深い」学びであることや生き方に響く学びであることを意味するわけではない。

たとえば、地元の強みを生かした新しい町おこしのアイデアを考えるような総合的な課題にただ取り組むだけでは、他人事の問題解決になりがちである。そこでは、高次の複合的な思考過程は試されるかもしれないが、それが必ずしも子どもたちにとって真に自分事であり、世の中を見る目や生き方を肥やしていく学びになるとは限らない。そうした課題に取り組みつつ、たとえば、本音の部分で自分は将来地域とどのように関わるのかといった問いに向き合い、自分たちの提示したアイデアにリアリティや説得力があるのかを吟味してみるといった具合に、足下の具体的な現実世界（生活）と抽象的な学問世界（科学）との間のダイナミックな往復を含むことで、

「使える」レベルの学習は、高次さと深さを統一するような「真正の学習」になり、学習者の学校外の生活や未来の社会生活の質を豊かにするものとなるのである。

こうした「見方・考え方」が投げかける授業づくりの課題は、先述の教科本来の魅力（教科内容の眼鏡としての意味、教科の本質的なプロセスの面白さ）の追求と重なっていることに気付くだろう。たとえば、豊かな言語生活を実現するという観点から、テキストを目的として読むことから、テキストを手段として考え表現することを重視する国語教育へ、あるいは、その作品の定説とされる解釈に至らせることよりも、解釈を深めたり、作品を批評したりするプロセス（読みの方略や物事の認識方法）を重視する国語教育へといった具合に、それぞれの教科で自明とされている観や本質を問い直す議論を各教科において展開していくことが求められる。

教科等の「見方・考え方」への着目については、それを「比較・関連づけ・総合する」といった一般的な学び方のようにとらえてしまうと、スキル訓練に陥りかねない。新学習指導要領で示された各教科等の「見方・考え方」については、それを正解（遵守すべき型）のようにとらえるのではなく、一つの手がかりとして、それぞれの学校や教師がその教科を学ぶ意味について議論し考えていくことが、そして、学びのプロセスに本質を見出す目を教師が磨くことが重要なのである。

## 5　教材と深く対話するとはどういうことか

以上のように、資質・能力を育む主体的・対話的で深い学びとは、教科としての本質的な学びの追求に加えて、取ってつけたように、資質・能力や見方・考え方を実体化した汎用的スキルの指導や、込み入ったグループ学習やＩＣＴを使った学習支援ツールなどの手法を組み込んで、目新しい学びを演出することではない。子どもたちが教材と出会いその世界に没入し、彼ら個人や彼らの生活を豊かにするような、それゆえに、問いと答えの間が長く、見方・考え方などに示された活動やプロセスが自ずと生起するような学びを、教材と深く対話することで、それぞれの教科の本来的な魅力や本質（ホンモノ）を経験する学びを追求していくことが肝要なのである。

では、教材と深く対話するとはどういうことなのだろうか。それを実現する上で、日々の授業で何に気を付ければよいのであろうか。教材との深い対話を実現する上で、そもそも子どもたちが教材と向かい合えているかを問うてみる必要がある。子どもたちが活発に話し合っているようにみえても、教師が教材研究で解釈した結果（教師の想定する考えや正解）を子どもに探らせることになってはいないだろうか。形の上で子どもたちに委ねているように見えて、教師が手綱をしっかりと握っているわけである（正答主義で結ばれた教師―子ども関係）。

しかし、深い学びが成立するとき、子どもたちは教師ではなく対象世界の方を向いて対話しているはずである。国語の読解で言えば、子どもがまず自分でテキストを読み、ある解釈を持つ。そして、集団での練り上げで、他者の解釈を聞く。そうして学んだ解釈をふまえて、もう一度テキストに戻って読み直してみると、最初に読んだ時とは見え方が変わるだろう。しかも、テキストと直に対話することで、ただ他者から学んだ見方をなぞるだけでなく、多かれ少なかれ、その子なりの新しい発見や解釈が生まれうるのである。これが、子どもが対象世界と対話するということであり、学びが深まる（わかったつもりでいた物事が違って見えてくる）ということである。

子どもたちが、個々人で、あるいは、仲間とともに、教材とまっすぐ向かい合えているかを常に問うこと、テキストの解釈に解釈を重ねたり、教師の想定する読みに収束させるべく議論を急いだりしていないかを問い、解釈の根拠となるテキストに絶えず立ち戻ることが重要である。

## 6　学びの深さと思考の密度をどう担保するか

教材に正対しそれに没入できているか、そして、見方・考え方に例示されているような、教科として本質的なプロセスを経験できるような教材への向かい方ができているかを吟味した上で、その経験の質や密度を高めるべく、新たな着想を得ることで視野が開けたり、異なる意見を統合して思考や活動がせりあがったりしていくための指導の手立て（枠組みの再構成やゆさぶり）が考えられる必要がある。学びが深まる経験は、グループを単位とした創発的なコミュニケーションの中で、さまざまな意見が縦横につながり、小さな発見や視点転換が多く生まれることでもたらされる場合もある。また、クラス全体でもう一段深めていくような対話を組織することを通じて、なぜなのか、本当にそれでいいのだろうかと、理由を問うたり前提を問い直したりして、一つの物事を掘り下げることでもたらされる場合もある。

この点に関わって、日本の伝統的な練り上げ型授業のエッセンス、特に、子どもたちの問い心に火をつける発問やゆさぶりの技（「わかっていたつもりのことがわからなくなる」ことによる認知的葛藤の組織化）に注目すべきである。グループでの子ども同士の学び合いのあと、各グループからの話し合いの報告会や交流で終わるのではなく、子どもたちが気づいていない複数のグループの意見のつながりを示したり、子どもたちが見落としているポイントや論点を提示したりして、子どもたちをゆさぶる投げかけをすることを日々意識するとよいだろう。

さらに、思考の密度（中身の詰まり具合）については、子どもたちが、ただ想像し推理するのではなく、十分な質と量の知識を伴って、すなわち、確かな思考の材料と根拠をもって推論することを保障するのが重要である。教科書でわかりやすく教える授業を超えて、教科書をも資料の一つとしながら学ぶ構造を構築した上で、複数の資料を机に広げながら、思考の材料を子ども自身が資料やネットなどから引き出しつなげていくこと（知識の吸い上げ）を促すことで、学習者主体で学びの質を追求しつつ、知識の量や広がりも担保できるだろう。

最後に改めて、学びの深さ以前に、教材自体の深さを吟味する必要性を指摘しておきたい。「深い学び」というとき、浅く貧弱な教材に対して、思考ツールや込み入ったグループ学習の手法を用いることで、無理やりプロセスを複雑にし考えさせる授業になっていないだろうか。読み手を試す読み応えのある連続型テキストと格闘させず、非連続型テキストからの情報選択・編集作業に終始していないだろうか。教材それ自体の文化的価値が高く、内容に深みがあればこそ、その真価をつかむためには頭を使わざるを得ず、深い学びが要求されるのである。

**参考文献**

阿部昇（二〇一六）『アクティブ・ラーニングを生かした探究型の授業づくり』明治図書。
石井英真（二〇一七）『中教審「答申」を読み解く』日本標準。
松下佳代・京都大学高等教育研究開発推進センター編（二〇一五）『ディープ・アクティブラーニング』勁草書房。

# 5　「言葉による見方・考え方」と認知能力

## ――対象の捉え方は言葉にどのように反映されているのか

森　篤　嗣（京都外国語大学）

### 1　「深い学び」の内実とは

小学校学習指導要領（平成二九年告示）解説・総則編では「深い学び」について、授業改善の視点に関連して次のように述べている。

習得・活用・探究という学びの過程の中で、各教科等の特質に応じた「見方・考え方」を働かせながら、知識を相互に関連付けてより深く理解したり、情報を精査して考えを形成したり、問題を見いだして解決策を考えたり、思いや考えを基に創造したりすることに向かう「深い学び」が実現できているかという視点。（七七頁）

文言通りに読めば、知識の関連付けや情報の精査、問題解決能力といったことが実現できるのが「深い学び」ということになると思われるが、具体的なイメージがつかめないというのが正直なところである。

そもそも「深い」というからには、その深度とは尺度であるはずで測定可能であるべきである。しかし、知識の関連付けや情報の精査、問題解決能力といった高次の精神活動は、そう簡単に測定できるものではない（森二〇一八）。また、その尺度が複数に渡っていると、どの尺度をどう重み付けて測定するかが定まらない。したがって、「深い学び」の内実を規定することは困難であると言わざるを得ない。

もし、「深い」というのが単一の尺度でないのであれば、その内実を決定する拠り所は多様性ぐらいではないだろうか。「深い」かどうかはともかくとして、「深い学び」が知識の関連付けや情報の精査、問題解決能力といった複数の要素で規定されるのであれば、これらの要素を横断的に満たす多様性が一つの拠り所になると推定される。

したがって、「深い学び」の内実を規定することは困難ではあるが、ここでは「深い学び」の実現のキーは多様性にあると考えることとしたい。

## 2 「言葉による見方・考え方」と認知能力

また、「深い学び」とともにキーワードとなっているのが、「見方・考え方」である。前節で「深い学び」の実現のキーは多様性とした。したがって、多様な見方・考え方を持つということにより、「深い学び」が実現されるという立場をとることとする。

国語科においてはとりわけ「言葉による見方・考え方」が重視されるとのことなので、やはり多様性と掛け合わせて、言葉による多様なものの見方や考え方を促すことが「深い学び」の実現に役立つということになる。

小学校学習指導要領（平成二九年告示）解説・国語編では「言葉による見方・考え方」について次のように述べている。

言葉による見方・考え方を働かせるとは、児童が学習の中で、対象と言葉、言葉と言葉との関係を、言葉の意味、働き、使い方等に着目して捉えたり問い直したりして、言葉への自覚を高めることであると考えられる。（一二頁）

これによると、対象が言葉でどう表されているかなどについて考える機会を持つということが、「言葉による見方・考え方」であると言えそうである。

ここで本稿の主旨である「言葉による見方・考え方」と認知能力の関係について説明しておきたい。実は対象をどのように言葉で表すかということは、人間が有する一般的な認知能力が深く関わっている。さらに言えば、人間の認知能力には、人間の身体を基盤とした経験が多大な影響を与えている。これらは認知言語学の基本的な考え方である。認知言語学についての理解を深めるには、荒川・森山（二〇〇九）や籾山（二〇一四）、菅井（二〇一五）などが参考になるだろう。

本稿では、「言葉による見方・考え方」について認知能力との関係において解説することで、「言葉による見方・考え方」の多様性を引き出していきたい。

## 3　対象の捉え方と言葉──教科書教材の実例から

言語の基盤を為す人間の認知能力は極めて多様であるが、そのもっとも基本となる認知能力の一つが、対象の捉え方（construal）である。

a　列車が走り出すと、太郎を乗せた列車がホームからだんだん遠ざかっていった。

b　列車が走り出すと、次郎のいるホームがだんだん遠ざかっていった。

この二つの文は同じ物事（＝対象）を表している。しかし、ホームにいる次郎の視点を描写しているaと、列車に乗っている太郎の視点を描写しているbで、言葉の描かれ方は異なる。まず、視点（viewpoint）という人間の認知能力が対象を言葉でどう表すかということに深く関与していることがわかるわけである。国語科においては「事実と意見」の区別といった必要性がよく言われるところであるが、実はその「事実」も人間の捉え方によって言葉での表され方は変わるのである。

さらに言えば、先の例のbは客観的な事実とは言い難い描写が含まれている。なぜなら、「ホームがだんだん遠ざかる」と表現されているが、実際に移動しているのは太郎の乗っている列車であり、ホームは移動していないからである。「ホームがだんだん遠ざかる」というのは、太郎という人間の視点から捉えた場合には事実に違いないが、あくまでそれは人間の認知能力による主観的事実の描写であり、客観的事実とは異なるのである。

言葉による描写には、人間の認知的な営み、その中でも特に身体を基盤とした経験が大きな影響を及ぼしている。こうした観点を持つことで、「対象と言葉」の関係について新たな視点を獲得すること、すなわち多様性の確保が可能になるだろう。

それでは次節から、小中学校の国語科教科書教材から、「対象の捉え方は言葉にどのように反映されているのか」について、実例に基づいて見ていきたい。

### (1)「スーホの白い馬」(おおつかゆうぞう、光村小2下)

言葉は対象のごく一部しか表していないにもかかわらず、私たちはそれを理解することができる。それは、私たちに経験に基づく百科事典的知識を共有しているからである。

> そこでスーホは、白馬にまたがり、ひろびろとした草原をこえて、けい馬のひらかれる町へ向かいました。
> けい馬がはじまりました。たくましいわかものたちは、いっせいにかわのむちをふりました。馬はとぶようにかけます。でも、先頭をはしっていくのは、白馬です。スーホののった白馬です。

この文章は、小学校二年生の児童にとってそれほど苦もなく理解されることだろう。しかし、対象と言葉の関係を詳しく考えてみると、人間の認知能力が大きく関与していることがわかる。

まず、「白馬にまたがり」とは書かれているが、あくまでまたがったことしか書かれていない。文末に「、けい馬のひらかれる町へ向かいました」とあるので、移動したことはわかるが、「馬にまたがる＝馬を走らせる」という関係については、言葉としては表されていない。私たちは経験的に、馬は移動のために乗る動物であるということを知っている(百科事典的知識)からこそ、この文が理解できるのである。もし、馬に乗って移動するという背景的知識の一切ない文化を持つ児童がいたとしたら、この文の理解は実は困難である。

また、「ひろびろとした草原をこえて」という表現も比喩的である。漢字で書けば「越えて」であるため、本来は「上を通りすぎる」という意味であるが、比喩的に「障害物や境界線を越える」という意味で理解しているわけである。馬が空を飛んでいるわけではない。次の段落に「馬はとぶようにかけます」という表現もあるため、誤解する児童もいる可能性があり、「〜のように」という比喩表現と合わせておさえておきたいところである。

さらに、「かわのむちをふる」も動作としては、それだけの動作に過ぎないため、「馬はとぶようにかけます」との因果関係については、「馬を走らせる時には、むちで尻をたたいて走らせる」という百科事典的知識が必要である。

こうした「対象と言葉の関係」をきちんとおさえておかないと、児童は「何となくわかった気がする」という状態で学習を終えてしまう可能性がある。それで国語科の学習として十分と言えるだろうか。

対象の捉え方と言葉の関係をじっくりと吟味して理解することこそが、「言葉による見方・考え方」を働かせ「言葉への自覚」を高めることにつながるだろう。その意味で、ここで紹介したような言葉の捉え方と人間の認知能力という観点から、教師自身がまた新たな視点で教材研究をおこなうことが、「言葉による見方・考え方」における多様性の確保につながるのである。

## (2) 「なまえつけてよ」(蜂飼耳、光村小5)

対象の捉え方の一つにゲシュタルト知覚というものがある。高速道路のカーブに埋め込まれているライトは、一つずつは単一のライトであるが、それが順番に光ると、あたかもそれを線条の光であるように私たちは感じる。このように、「全体は還元された諸部分の総和ではなく、それ以上のものである」という概念を、ゲシュタルトと呼ぶ。

> 次の日。昼休みに、春花はろう下で勇太とすれちがった。そのときだった。春花はそっと何かをわたされた。わたすと勇太は急いで行ってしまった。
>
> 受け取ったものを見て、春花ははっとした。
>
> 紙で折った小さな馬。不格好だけれど、たしかに馬だ。
>
> ひっくりかえしてみると、ペンで何か書いてある。
>
> なまえつけてよ。
>
> らんぼうなぐらいに元気のいい字が、おどっている。
>
> 勇太ってこんなところがあるんだ。

この文章で春花が受け取ったものは何か。春花は「不格好だけれど、たしかに馬だ」と言っているが、実際には紙(折り紙)である。(本物の)馬ではない。もちろん、「馬を模した折り紙」であることは間違いなく、だからこそ春花は「不格好だけれど、たしかに馬だ」と言っているのである。

折り紙で折った馬を「たしかに馬だ」と知覚することは、ゲシュタルト的な対象の捉え方である。春花にしても「不格好だけれども」と言っているので、「これは、本物の馬そのものである」と捉えているわけではないことはわかる。そもそも本物の馬は、気軽に渡したり受け取ったりできるものではない。

しかし、ここで「受け取ったもの」が、馬であることには重要なメッセージがある。馬に「なまえつけてよ」という作品のタイトルにもある言葉が書かれていることこそ、勇太の春花への励ましの気持ちを象徴しているからである。折り紙はあくまで折り紙であり、馬ではない。しかし、それを「たしかに馬だ」と見立てるという認知能力が、こうした言葉や物語を支えているのである。

### (3)「故郷」（魯迅、光村中3）

文学作品においては、多くの比喩が駆使される。比喩は、ある対象（＝目標領域）を、別のよくわかっている物事（＝起点領域）を通して理解するという認知の仕組みであり、人間の重要な認知能力の一つである。

比喩は必ずしも文学作品における修辞法のような芸術性を伴うものばかりではない。例えば、日常的にも「時間を失う」「時間を稼ぐ」「時間を費やす」「時間を捨てる」などのように、「時間（＝目標領域）はお金（＝起点領域）である」という表現・理解をしている。このように比喩は、日常における「言葉による見方・考え方」にも深く関わっている。

> 船はひたすら前進した。両岸の緑の山々は、黄昏の中で薄墨色に変わり、次々と船尾に消えた。（中略）
> 古い家はますます遠くなり、故郷の山や水もますます遠くなる。だが名残惜しい気はしない。自分の周りに見えぬ高い壁があって、その中に自分だけ取り残されたように気がめいるだけである。すいか畑の銀の首輪の小英雄の面影は、元は鮮明このうえなかったのが、今では急にぼんやりしてしまった。これもたまらなく悲しい。

この文章の冒頭部分については、先に挙げた「ホームがだんだん遠ざかる」と同様、視点による事態の捉え方が関与している。ただ、それに加えて「両岸の緑の山々は、黄昏の中で薄墨色に変わり」は、時間の経過による暗くなるという変化を「薄墨色に変わる」という事物の変化で敢えて比喩的に表現している。また、「次々と船尾に消えた」では実際に消滅するわけではないものを、空間的移動により視界から消えることをこうした言葉で表している。

第二段落でも、自分が移動しているにもかかわらず、古い家や故郷が遠くなるという視点による事態の捉え方がなされている。「山や水」は故郷の象徴として描かれていることもわかる。そして、「高い壁」という比喩が、過去の記憶と現実の遮断を比喩的に表しており、過去の記憶にある「すいか畑の銀の首輪の小英雄の面影」が「鮮明→ぼんやり」という映像的変化により「遠くなる故郷」と並行に描かれている。

この文章に描かれている空間的移動（船での旅）と時間的隔絶（過去の記憶と現実）を理解するには、「言葉による見方・考え方」の中でも、とりわけ比喩の理解が不可欠である。文章全体に貫かれる比喩的表現性を読み解いていくには、言葉一つ一つを吟味し、「言葉による見方・考え方」の多様性を精査していく必要がある。

文学作品における比喩は、修辞法という点だけにとらわれがちである。その場合、この文章では「〜ように」で明示されている「高い壁」の解釈だけに目がいくかもしれない。しかし、人間の認知能力の一つである比喩は、もっと広範に根深く言葉に刻まれているのである。日常にも及ぶ比喩のあり方を再度見直すことで、「言葉による見方・考え方」の多様性を確保する読みを引き出すことが可能になるのである。

## 4　まとめ

本稿の第2節において、「深い学び」の実現のキーは多様性であると仮定した。国語科においてはとりわけ「言葉による見方・考え方」が重視されるので、多様性と掛け合わせて、言葉による多様なものの見方や考え方を促すことが「深い学び」の実現に役立つはずである。

そして、本稿で示したように人間の認知能力は、「言葉による見方・考え方」の多様性に深く関わっている。本稿では、「対象の捉え方は言葉にどのように反映されているのか」という視点を持つことによって、「言葉による見方・考え方」の新たな側面を捉えることが可能であることを提案したわけである。

しかし、本稿で示した人間の認知能力（とりわけ、人間の身体を基盤とした経験）による「言葉による見方・考え方」というのは、その多様性のあくまで一側面に過ぎない。人間の認知能力に重きを置いた認知言語学の考え方が、従来の国語科教育における読解指導よりも優れているという主張をするつもりはない。あくまで「こういう見方もある」という提案である。

「言葉による見方・考え方」の多様性を確保するため

には、従来の考え方にとらわれない新しい視点での教材研究が必要であると思われる。第3節で紹介した「ホームがだんだん遠ざかるといっても、実際に移動しているのは太郎の乗っている列車であり、ホームは移動していない」などという見方や考え方は（事実の一側面だとしても）、屁理屈に近いと考える教師もいるだろうし、実際にこうした発言を冗談のつもりでする児童・生徒もいておかしくないだろう。

しかし、本当の意味での「言葉による見方・考え方」の多様性を重視するのであれば、「事実と言われている表現が、本当に客観的事実と言えるか」といった見方や考え方があってもよいはずである。「グラスを一気に飲み干した」という表現があったとして、本当に「グラス（という物体そのもの）を飲む」ことは不可能であり、あくまで「グラスの中身」を飲んでいるわけである。

「言葉による見方・考え方」の多様性を確保するための方法の一つは「常識を疑え」ということである。私たちはあまりに言葉を「わかりすぎている」という側面がある。児童・生徒も文学的解釈には長けていないかもしれないが、日常の身の回りにある言葉については「常識的な解釈」ができすぎており、だからこそ、それにとらわれているのである。既製概念にとらわれず、言葉を言葉そのものとして見直すことこそが、「言葉による見方・考え方」を刷新し、その多様性を確保できる機会となるのである。

**参考文献**

荒川洋平・森山新『わかる！！日本語教師のための応用認知言語学』二〇〇九年、凡人社
菅井三実『人はことばをどう学ぶか―国語教師のための言語科学入門』二〇一五年、くろしお出版
籾山洋介『日本語研究のための認知言語学』二〇一四年、研究社
森篤嗣「日本語能力の評価と測定―作文におけるパフォーマンス評価と質的評価・量的測定を例に―」『日本語プロフィシェンシー研究6』二〇一八年、日本語プロフィシェンシー研究学会

# 『国破れてマッカーサー』（西 鋭夫 著）

望月 善次（岩手大学名誉教授）

## Ⅰ　国語科教育学徒の責務

国語科教育学に関わる者の責務は、国語教育に関わる方々の余計な（理不尽な）負担を軽減することである。本小論もそうした考えに基づいたものである。

## Ⅱ　学習指導要領考察の隘路二つ

学習指導要領が学びにくいのは、その性質が明らかになっていないことと、それが置かれている環境が良く説明されていないからである。

先ず、性質を言えば学習指導要領は「教育行政的文書」である。教育行政的文書であるから、現状分析・改善の理由や根拠の明示が義務付けられていない。この義務のない文書を、理由・根拠が生命線である「学術的文書」と同じ様に読もうとするから混乱するのである。

環境的に言えば、政策主体である我が国の官僚、政治家は、自身の発言の根拠を示す義務を負っていない。（大統領令によって、「原則三〇年後公開」という義務を負っている米国との対比を見よ。近年の「モリカケ問題」も、こうした環境を示す好例であろう。）

## Ⅲ　西鋭夫論の意味
### ～マッカーサー占領政策の巨大な影～

冒頭に掲げた西鋭夫の論考は、後者の「環境」解明に資するものである。西鋭夫は、ほとんどの人が手にすることのなかった第一次資料を駆使して、マッカーサー占領政策の意味を明らかにする。

占領政策の三本柱は「日本に軍事力を持たせない。」、「万一軍事行動に及ぶ場合は、米国を頼りにせざるを得ないようにする。」、「日本人に誇りを持たせない。」であり、しかも、この三本柱は、現在の日本社会においても厳然として生きている。［全国にまたがる在日米軍の128施設・区域（防衛省ホーム・ページ）やマッカーサー自身が数日で書き上げた憲法草案を、ほぼ原文通りに和訳させ、それに「平和憲法」の名称を冠したのは、その象徴である。］だから、マッカーサー占領政策は、直接マッカーサーが関わっていた敗戦後の数年間のみのことではなく、現在の日本社会をも覆う巨大な影となっていると言えよう。現代日本社会におけるこのマッカーサー構造を直視せず、放置しておいて、学習指導要領のみを適切に読み解くことなど到底不可能である。

（中央公論社、一九九八年、中央公論新社、二〇〇五年文庫版、一二八六円＋税）

V 新学習指導要領「深い学び」「言葉による見方・考え方」を読み解くための5冊

## 『教室で教えるということ』（岩垣攝・子安潤・久田敏彦 著）

吉田成章（広島大学）

同書のタイトルから、大村はま『教えるということ』（共文社、一九七一年）を連想する読者は多いだろう。同書は、大村はまの著書を念頭に執筆された『学級で教えるということ』（明治図書、一九七九年）の著者・吉本均の学習集団論の薫陶を受けた岩垣攝を筆頭著者に、千葉大学時代の岩垣に師事した子安潤・久田敏彦を共著者とした著作である。

同書の主張を今日の授業づくりの主題から読み解けば、「自力で知識を得るために必要なことは、自己の持つ知識や技能を道具にして、自ら真実を探究」し、「他者と対話をしながら、共同で探究」することで「真実を究め」ようとする「共同探究型の授業」の模索（一頁）から、「深い学び」を提起したものとみることができる。**第一章：共同探究型の授業と教師の指導性を考える**では、知識を自力で得ようとしない「啓蒙型の授業」を共同探究型の授業と対置し、**第二章：変わる学力・人間像と変わる教科内容**で、「スキル化された『活用型学習』」に対して、リアリティのある教材と活動を対置する」（四四頁）ことが提起される。新学習指導要領の「資質・能力」論に対して、教材研究に基づく教師と生徒（同士）の対話を軸とした授業観が明確に示される。

教育のパッケージ化・マニュアル化に抗する「生活」の捉え方を中心に据えた**第三章：子どもの生活から授業をつくる**を介して、説明文の読み方指導を事例として取りあげながら授業を対話に開くためのテーマ設定の重要性が、**第四章：対話的な関係・対話的な授業をつくる**で提起される。ここからは、「言葉による見方・考え方」を介して、言葉そのものへの「見方・考え方」を提起する授業づくりのあり方が示唆されよう。

学級集団づくりと国語の教科指導とを媒介に学級を学習集団にしあげていこうとした大西忠治を引き合いに、**第五章：学級を問い直す**では「差異を含んだ多元的な共同のかたち」（一一九頁）を教室に見いだそうとする同書のスタンスが明確に現れる。その上で**第六章：子どもの参加と授業づくり**では、「身体的参加」「自治的参加」「知的参加」の三つの局面を検討視点とし、「複数性」と「差異の承認の合意」が授業づくりを貫く視点として提起される。言葉の／による世界への参加に向けて、言葉という「見方・考え方」によって「教える―学ぶ」ことの深さに触れるために、同書はあらためて読み直されてよいだろう。

（八千代出版、二〇一〇年、一八〇〇円＋税）

## V 新学習指導要領「深い学び」「言葉による見方・考え方」を読み解くための5冊

# 『新学習指導要領を主体的につかむ』（梅原利夫 著）

小林 信次（元日本福祉大学）

この著では、指導要領のキーワード「育成すべき資質・能力」「主体的・対話的で深い学び」などがはらむ問題から、国語や算数の学力観、各論から見た改訂の特徴まで、教育方法学の視点で現場に寄り添った提案がしてある。「その構図とのりこえる道」とあるように、若い教師の苦悩と挑戦にもふれ、打開を探っている。

第一章　新学習指導要領の大きな変化
第二章　各論でつかむ改訂の特徴
第三章　学習指導要領をとりまく教育政策
第四章　学習指導要領体制をのりこえる教育実践の方向

現状から改革への視点が示されている。私は、第四章に着目した。それは、現場にいるとき、「深い学び」を次の三つを頭に置いていたからだ。

①教科内容が科学的であること
　人類・社会の発展のための原理・原則がつらぬかれている。
②子どもが授業でも主人公として登場すること
　授業では、どの子も伸びる可能性をもっている。
③教師集団・地域・父母の願いが授業に反映されていること

どのような指導言で、どのような授業にするのか。読み研では教材分析、発問計画がこれにあたり、共同での学び、「学習集団」として位置づけていた。

この著書の第四章の「教育実践の基本姿勢の確立を」の提案は、三つのキーワードに注目した。

○資質・能力については、地域と学校が合意した個性的な表現で示す。
○アクティブ・ラーニングについては、様々な学習の方法の一つとして、有効性が見込まれる場合に採用する。
○カリキュラム・マネジメントについては、提案―討議―合意過程を踏まえる。

また国語の章では、「言語を媒介にして思考を深め、言葉と思考の相互作用によって人間性が築かれていく。こうした言語教育の基本をしっかり貫いていく。」と深い学びへの本質を指摘している。学習集団については、具体的に書かれた章はないが、「教師自身に主体的対話的な可能となる条件を保障すべきである」という指摘は重要だ。

（新日本出版社、二〇一八年、一八〇〇円＋税）

## Ⅴ　新学習指導要領「深い学び」「言葉による見方・考え方」を読み解くための5冊

# 『教科の本質から迫るコンピテンシー・ベイスの授業づくり』（奈須正裕・江間史明他 編著）

髙橋　喜代治（立教大学兼任講師）

書名からもわかるように、本書は学習指導要領体制の下で長い間おこなわれてきた日本の教科指導のあり方をコンテンツ・ベイスからコンピテンシー・ベイスに変えることへの提唱及び指南書である。だが、ただ変えるのではない。教科の本質を仲立ちとすることが前提である。

教科の本質を踏まえたコンピテンシー・ベイスの授業とはどんなものなのか。ありがたいことに、理論とその授業づくりが研究者たちによって教科（国語、社会、数学、理科、英語）ごとに丁寧に説明されている。

第一部は、奈須正裕の総論と各教科の研究者による協働討議である。総論ではコンピテンシー・ベイスへの転換の意味と方法が、社会的・研究史的文脈で述べられている。協働討議では各論者がそれぞれの教科の専門的立場から発言している。

国語科では鶴田清司が「質の高い問題解決において領域固有の知識は必須であることは、しっかりと共有される」べきと、コンピテンシー教育におけるコンテンツの意義を強調している。

第二部は、先に示した五つの教科の各執筆陣による教科の本質とコンピテンシー・ベイスの授業づくりの提言である。それぞれが教材と授業の実際を示して具体的で参考になる。ここで一つ一つ紹介することはできないが、国語教育を専門とする中・高の教師におかれても、読んでおいて損はないと思う。

各教科の提言の後に補論が付けられていて、奈須と各執筆者が提言の内容を深めたり広げたりしていて、これが参考になる。国語では、言語スキルと教材の関係が話題になっている。国語の場合は、数学のように、ある特定のスキルを指導するようには教材を扱えないからだ。子どもが興味と感動をもって読める作品でないとスキルも身に付かないということである。その観点から鶴田は、「あれを越えるものは見つかっていない」と、「ごんぎつね」を高く評価する。教材の見方として改めて参考になった。

コンピテンシーには、効率主義的、商業主義的な匂いがつきまとう。今なぜコンピテンシーなのかというコンピテンシー・ベイスな構え（問題解決的な方法）が教師には求められている。だが、この点については、本書では触れられていないように思う。協働討議では、昭和二六年の学習指導要領はコンピテンシー・ベイスだったという指摘があり、周囲も同意している。ならばなぜ今？

（図書文化、二〇一五年、二四〇〇円＋税）

V　新学習指導要領「深い学び」「言葉による見方・考え方」を読み解くための5冊

## 『TOK（知の理論）を解読する―教科を超えた知識の探究』（Z会編集部 編）

岩崎成寿（学校法人立命館一貫教育部長）

近年、文部科学省が国内認定校拡大に力を入れている国際バカロレア（IB）高校版プログラムの中に、教科を越えて探究するコア科目「Theory of Knowledge（TOK＝知の理論）」がある。TOKとは、「知識とは何か」「知るとはどういうことか」について、具体的事例に対する批判的思考を通じて、「深い学び」を展開する科目である。本書は、海外でTOKを学ぶ高校生対象の教科書（翻訳）である。

TOKでは、「数学、自然科学、ヒューマンサイエンス（人間科学）、歴史、芸術、倫理、宗教的知識の体系、土着の知識の体系」という「知識の領域」から対象を選び、「理性、感情、信仰、想像、知覚、直観、言語、記憶」という「知るための方法」のいずれかを適用する。教師はそれらの「領域」「方法」を例示的に取り上げながら生徒主体の討論を展開し、最終的に生徒は自分で問いを立て論文にまとめ、発表する。

例えば、「歴史に関する知識が、過去に対する正確で客観的な見方に基づいて構築されているのか、それとも私たち自身の主観的な解釈に基づいて構築されているのかを判断できるだろうか」や「私たちがある芸術作品の知識を有していると主張するためには、その芸術作品が制作された背景を知る必要があるだろうか」等が具体的問いとなる。

「歴史」領域の問いについて言えば、阿部昇がかつて提案した、歴史教科書の「事実」や「表現」の吟味（「甲午農民戦争」と「東学党の乱」との、教科書による呼称の差異の指摘等）に通じる観点である（『文章吟味力を鍛える―教科書・メディア・総合の吟味』）。

高等学校の次期学習指導要領では、教科を越えた「主体的・対話的で深い学び」の具体化として、「総合的な学習の時間」が「総合的な探究の時間」へと名称変更される。TOKは、人間の認識が言語のみならず、非言語（感情、感覚等）によっても行われると考えるため、国語科の領域を外れる部分も多いが、「総合的な探究の時間」のための教材開発には活用できる。

結局、「知識とは絶対的・客観的に存在するものではなく、人間の見方・考え方を背景とした相対的・主観的なものである」ということであろう。本書は、知識「量」重視であった日本の教育観を思考力重視に転換するうえで、重要な示唆を与えてくれるに違いない。

（株式会社Z会、二〇一六年、二二〇〇円＋税）

## 『アクティブ・ラーニング実践の手引き』（田中博之 著）

平野博通（愛知県名古屋市立鎌倉台中学校）

この本は、中教審が「アクティブ・ラーニング」をキーワードにして、次期学習指導要領を検討していることを受けて、授業のつくり方、進め方をフィンランド・メソッドの考え方に学びながら実践的に提案したものである。

本書の副題には「主体的・協働的な学び」と書かれており、「対話的」という用語で議論される以前の内容だという限界はあるが、初期に出されたにもかかわらず、その後の議論にも応えられる豊かな内容をもっている。しかも「主体的・対話的」という抽象的でわかりにくい用語を、より「アクティブ・ラーニング」を具体的かつ実践的でわかりやすく解説している。

国語の教師として、おそらく関心が高い点は、「一斉指導」でない授業を、「主体性」「協働性」「創造性」というキーワードで、「習得学習」「活用学習」「探究学習」という三つのレベルで構想している点だ。漠然と「グループ学習」していれば「対話的」だとか、活発に意見が出されていれば、「主体的」だとか理解している人にとっては、刺激的である。たとえば、「習得学習」では「班の中で分担を決め」ること、「活用学習」では「意見表明、討論などをして新しい考えを持てている」こと。「探究学習」では「班の中だけでなく班をつないで学習を深め」ることなどが書かれている。「読み」研でいう「学習集団」がどのように発展していくかを見通している点が優れていると感じた。

また、「アクティブ・ラーニング」を六つの学習要素にわけ、「学習スキル」「学習ルール」「学習チーム」などをどのように育成するかという点を、写真、プリントや表でわかりやすく説明されており、参考になる。

本書は、大変学ぶべき点が多いのであるが、授業実践の報告というわけではないため、授業でどのような発言が出たか、など具体的なイメージはつかみにくいかもしれない。本書を使って、「アクティブ・ラーニング」の授業実践を報告して、お互いに分析しあってみたいものだ。

最後に、目次の一部を紹介する。



（教育開発研究所、二〇一六年、二二〇〇円＋税）

Ⅵ　連載・教材研究のポイント

# 1　「お手紙」（A・ローベル）の教材研究――ここがポイント

臺野　芳孝（千葉県千葉市立北貝塚小学校）

## 1　「お手紙」について

この教材は、光村図書では小2で「お手紙」として、教育出版では小1で「お手がみ」として掲載されている。A・ローベルの『ふたりはともだち』という短編集に入っているかえるくんとがまくんのお話である。

## 2　「お手紙」の作品構造―構造よみ

玄関で悲しそうに座っているがまくんにかえるくんが理由を聞く。がまくんは手紙をもらったことがなく、お手紙を待っている時間が不幸せなのだと説明する。かえるくんは急いで家に帰り、がまくんへの手紙を書く。それをかたつむりくんに届けてもらうことにする。

がまくんの家に行くと、彼はベッドで寝たままふさぎ込んでいる。かえるくんはがまくんに手紙を待つように言うが、がまくんは怒ってしまう。そこでかえるくんはがまくんに手紙を書いたこと、手紙の文面を伝える。がまくんは「いいお手紙だ。」と感動する。

二人は幸せな気分で玄関でお手紙を待つ。かたつむりくんが四日かけてがまくんに手紙を届けるが、届いたときがまくんはとても喜んだという話である。

この作品には、前話（導入部）がない。広がり（展開部）―山場―終結部の三部構造となっている。

構造よみのポイントは、クライマックスをどこにするかである。がまくんが不幸せで悲しそうな様子から、幸せな気分に変わったのはどこかと考えるのがわかりやすい。がまくんに幸せな気分をもたらしたのは、かえるくんの手紙である。この手紙から、がまくんの不幸な気持ちは、お手紙を待つ幸せな気分に逆転する。「ああ。」「いいお手紙だ。」も大切である。

クライマックスは、次の部分となる。

> 「ぼくは、こう書いたんだ。
> 『親愛なる　がまがえるくん。ぼくは、きみがぼくの親友であることを、うれしく思っています。きみの親友、かえる。』」
> 「ああ。」
> がまくんが言いました。
> 「とても　いいお手紙だ。」

クライマックスで、かえるくんの書いた手紙の内容がはっきりする。そして、がまくんの悲しい気持ちが、幸せな気分へと大きく変化する。物語はハッピーエンドになる。

終結部をよく読んでみると、がまくんは、お手紙をもらって喜んでいるが、お手紙を長いこと待っている間も幸せな気分でいる。この物語はがまくんが、お手紙を待っている時間がとても幸せな時間であり、それをがまくんが味わうことができることに意味がある。がまくんは、かたつむりくんが、ゆっくりとお手紙を運んでくる間も幸せな気分でいる。最初のがまくんの言葉に対応した終わりになっているのも面白い。

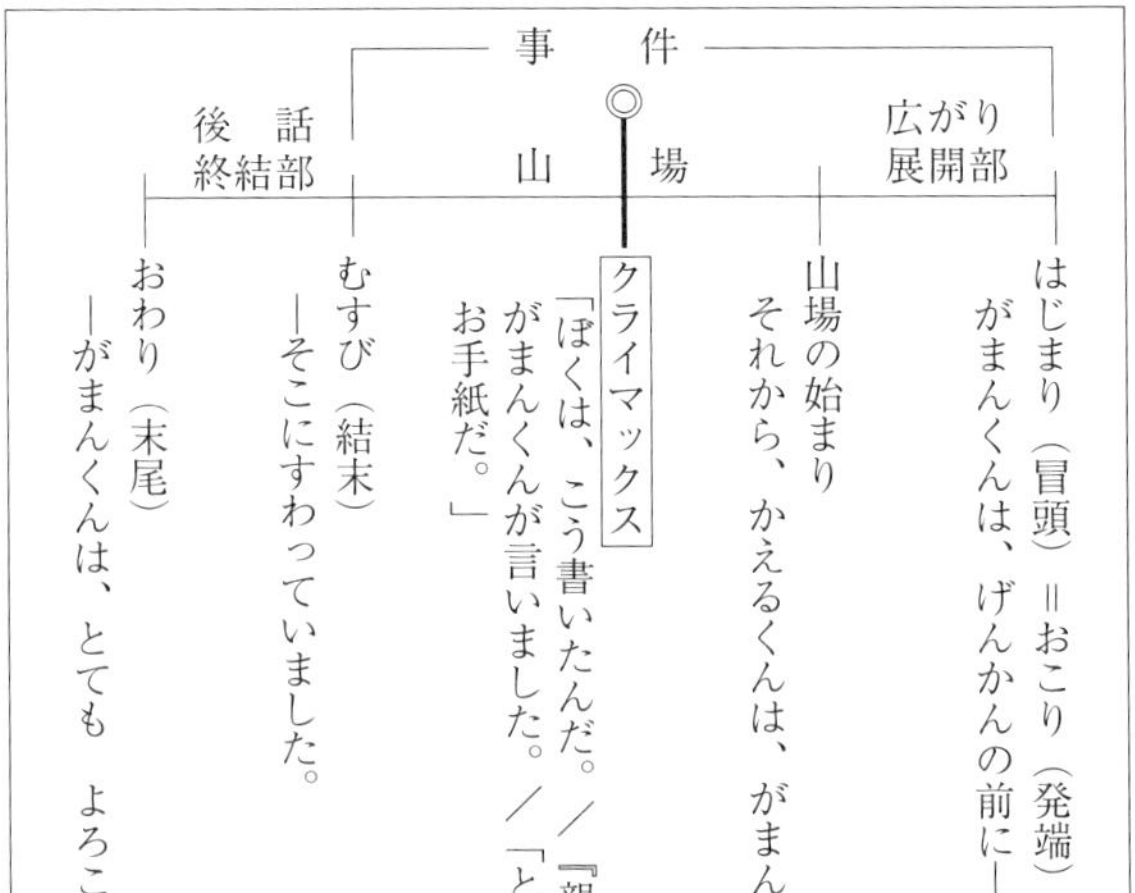


「お手紙」の作品構造は、前頁のとおりである。

## 3 「お手紙」の展開部（ひろがり）の形象よみ

### (1) 名前よみ

がまくんとかえるくんの名前よみをする。物語に出てくる人物の名前は、その人物の性格や人物像を表している。動物の名前の場合、その動物の属性や象徴性を加味した人物設定をしている。

かえるくんは、跳ねたり泳いだり軽やかで、ケロケロと陽気に鳴くようなイメージを持っている。カラフルな色でおしゃれな感じもするだろう。

一方、がまくんは、のそのそ這って歩き、低い声で鳴き、イボイボだらけの醜い姿をイメージする。土色で地味な感じもする。

この二人が友達で、かえるくんががまくんのことをいろいろと助けてやるという関係性が、名前からもうかがえる。また、かえるとがまがえるなので、二人は近しい間柄であることもわかる。シリーズ四作とも「ふたりはいっしょ」「ふたりはともだち」「ふたりはいつも」「ふたりはきょうも」と「ふたり」を主人公としている。似ているけど、性格は全く違うという凸凹コンビのほっこりする短編集である。

### (2) 発端（おこり）の部分の形象よみ

「お手紙」の事件とは何か。がまくんの不幸な気持ちや悲しい気分を解決してやろうと、かえるくんがお手紙を書いて、がまくんを幸せな気分にすることである。

> 「どうしたんだい、がまがえるくん。きみ、かなしそうだね。」
>
> 「今、一日のうちの　かなしい時なんだ。つまり、お手紙を　まつ時間なんだ。そうなると、いつもぼく、とても　ふしあわせな気もちに　なるんだよ。」
>
> 「だって、ぼく、お手紙　もらったこと　ないんだもの。」
>
> 「だれも、ぼくに　お手紙なんか　くれたことがないんだ。毎日、ぼくのゆうびんうけは、空っぽさ。お手紙を　まっているときが　かなしいのは、そのためなのさ。」

がまくんは、何について悲しい気分、不幸せな気持ちになるのか考えてみよう。

①お手紙をもらったことがないこと
②だれもお手紙をくれたことがないこと
③どうせ来ないお手紙をただ待っていること
④ずっと郵便受けが空っぽであること

しかし、がまくんにはかえるくんという最高の友達がいる。なのになぜがまくんは、お手紙をくれる人をほしいなどと悩んでいるのか。この物語のなぞである。そして、このなぞはこの作品のテーマにもかかわる。

いずれにしても、かえるくんはがまくんに手紙を書こうと考える。ちゃんと封筒に入れて、宛名も書いて、手紙の体裁を整えた封書である。葉書でないのも、がまくんに手紙を開ける経験をさせたかったのかもしれない。

## 4 「お手紙」の山場の形象よみ

### (1) クライマックスの前までの形象よみ

かえるくんは、ベッドで寝込んでいるがまくんに手紙を待つよう説得を始める。しかし、がまくんはどんどんと諦め、苛立つようになる。

> 「いやだよ。」(ア)
> 「ぼく、もう　まっているの、あきあきしたよ。」(イ)
> 「そんなこと、あるものかい。」(ウ)
> 「ぼくに　お手紙をくれる人なんて、いるとは思えないよ。」(エ)
> 「ばからしいこと、言うなよ。」(オ)
> 「今まで、だれも、お手紙　くれなかったんだぜ。きょうだって同じだろうよ。」(カ)

ア・ウ・オは、かえるくんの説得に対しての返事である。がまくんは手紙を待つことを嫌だと言い、否定し、バカなことだと苛立つ。がまくんの感情を表している。かえるくんに対しても腹を立てている。

イ・エ・オでは、飽き飽きし、諦め、手紙を待つのは無駄なことに思えている。がまくんがなぜ苛立っているのかをかえるくんに説明している。物語の始まりは、悲しく不幸な気持ちのがまくんだったが、感情も高ぶり、かえるくんに対しても言葉遣いが悪くなり、不幸のどん底にいるようである。がまくんは、かえるくんとケンカをしてもおかしくないほど、怒っている。

このがまくんの怒りに対して、いつでもかえるくんは、手紙を待つように優しく声をかけている。がまくんが語気を荒くして、かえるくんの呼びかけを拒絶するまでは、かえるくんはお手紙を書いたことをがまくんには知らせなかった。

本当は何も知らせずサプライズにしたかったのだろう。かえるくんのサプライズ計画は、がまくんのあまりにも怒る様子のために、断念せざるを得なくなる。

### (2) クライマックスの形象よみ

かえるくんは、がまくんに手紙を書いたことを教えてしまう。さらに、手紙の文面を話してしまう。サプライズ計画はダメになってしまう。

それでも、がまくんはかえるくんの手紙に感動する。いつでも一緒にいるかえるくんが、手紙を書いてくれる人物であるとは思いもよらなかったからである。手紙は遠くにいる親しい人からもらうものだけでなく、身近な間柄でもいいんだと、まずがまくんは気が付く。

クライマックスの手紙の文面は次のとおりである。

> 「親愛なる　がまがえるくん。ぼくは、きみが　ぼくの親友であることを、うれしく思っています。きみの親友、かえる。」

次の文面と比較することで、この手紙のもつ効果が見えてくる。

> 「がまくんへ。きみは　ぼくの　よいおともだちです。ずっとなかよく　しようね。かえるより。」

同じような内容ではあるが、書かれ方が全然違っている。言葉のやり取りをそのまま手紙にしたのではなく、硬い表現ではあるが「これこそお手紙だ」とがまくんに思わせるように書かれている。そのことががまくんに伝わったからこそ、がまくんは深く感動するのである。傍線の部分は、英語の手紙の正式な書き方である。また、「親友であることをうれしく思っています」という言い回しも敬意をこめていることがわかる。そんな手紙ががまくんの元へ届くのである。

かえるくんががまくんにしてあげたことをまとめると次のようなことになる。

①封書でがまくんに手紙を書いた。だから、手紙を開けることが楽しみである。

②自分で手渡さず、かたつむりくんに届けてもらった。郵便を配達する人があってこその「手紙」である。

③堅苦しくはあるが正式な書き方の手紙を送った。それこそが「お手紙」である。

⑤がまくんには内緒にして、喜ばせようとした。一緒に待ってあげたいと思っていた。

## 5 「お手紙」の終結部（後話）の形象よみ

かえるくんが、かたつむりくんに手紙を託したことで、がまくんとかえるくんは四日間もお手紙を待つことになる。お手紙は、早く届けばよいわけではない。お手紙を待つ時間が不幸だったがまくんが、たっぷりと四日間も幸せな気分に浸ることができたのである。もしバッタくんなど、動きの素早い友達に頼んでしまったら、こうはならなかった。

「すぐやるぜ。」と言ったかたつむりくんは、きっと一生懸命お手紙を運んでいるのだろう。かたつむりくんのゆっくりとしたスピードが、がまくんとかえるくんの幸せな時間を作り出している。より「お手紙」らしさを出している。前述した物語の仕掛けである。かえるくんの意図とは考えにくいが、作品の仕掛けとしては見事である。かたつむりくんであることの必然性がそこにある。

**注**

本稿を執筆するにあたって阿部昇『国語力をつける　物語・小説の『読み』の授業』二〇一五年、明治図書出版、一二六～一三〇頁の「お手紙」の教材研究を参考にした。

# 2　「字のない葉書」（向田邦子）の教材研究――ここがポイント

阿部　昇（秋田大学）

「字のない葉書」は、一九七六年に『家庭画報』に掲載され、一九七九年に単行本『眠る盃』に収められた。現在、光村の中2と東書の中3教科書に掲載されている。

「終戦の年の四月」に小一の末の妹が疎開に出る。しかし、つらい思いをして帰ってくることになった妹を家族で迎えるという話である。そこで父が見せる意外な人物像がこの作品の核となる。

「随筆」として書かれた作品だが、優れた小説として読める。ここでは小説として教材研究を行っていく。

## 1　「字のない葉書」構造よみ
### ―「クライマックス」への仕掛けを俯瞰する

この作品の構造は、次頁のとおりである。導入部―展開部―山場―終結部の四部構造である。

### （1）発端―事件のはじまり

導入部では父の「暴君」的な人物像、父と「私」の関係が述べられる。そして「優しい父の姿を見せた」ことはほとんどなかったが、「最も心に残るものをといわれれば、父が宛名を書き、妹が『文面』を書いた、あの葉書ということになろう。」と暗示的一文が最後にある。重要な設定でクライマックスへの伏線になっている。

その次は一行空けになり「終戦の年の四月、小学校一年生の末の妹が甲府に学童疎開をすることになった。」となる。そこから「字のない葉書」をめぐる主要な事件が始まる。また、その前までは人物像や父と

事件

導入部　展開部　山場　終結部

冒頭　死んだ父は筆まめな人であった。――

発端　終戦の年の四月、小学校一年生の末の――

山場の始まり　妹が帰ってくる日、――

クライマックス　茶の間に座っていた父は、はだしで表へ飛び出した。防火用水桶の前で、やせた妹の肩を抱き、声を上げて泣いた。私は父が、大人の男が声を立てて泣くのを初めて見た。

＝（クライマックス＝結末）

結末　―男が声を立てて泣くのを初めて見た。

末尾　―私は一度も見ていない。

「私」の関係など一定の期間またはそれ以上の長い時間のことを説明する書き方である。それに対し一行空けの後の「終戦の年の四月」からは、ほぼある日ある時のことになる。「元気な日はマルを書いて、毎日一枚ずつポストに入れなさい。」といった父の会話文もある。説明的な書かれ方からある日ある時の描写的な書かれ方に変わる。「終戦の年の四月、小学校一年の末の妹が」が発端である。

**発端の指標**

1　「字のない葉書」をめぐる事件がここから始まる。（事件の始まり）

2　「字のない葉書」をめぐる末の妹と父との新たな関わり合いが始まる。（人物相互のの関わり）（事件には末の娘と家族との関わりも含まれる。）

3　手放さなかった妹を疎開に出す。（非日常）

4　「手紙は～かなりの数になった。」など説明的な書き方から「きちょうめんな筆で自分宛の宛名を書いた。」「元気な日はマルを～入れなさい。」など描写的な書き方に変わる。（説明→描写）

### (2)　クライマックス

クライマックスは、次の部分に含まれる。

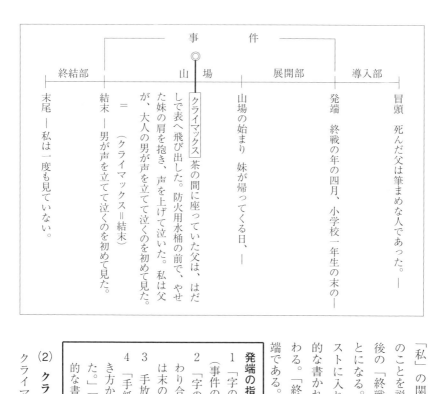

夜遅く、出窓で見張っていた弟が、
「帰ってきたよ！」
と叫んだ。茶の間に座っていた父は、はだしで表へ飛び出した。防火用水桶の前で、やせた妹の肩を抱き、声を上げて泣いた。私は父が、大人の男が声を立てて泣くのを初めて見た。

これら全部をクライマックスとしてもよいが、やや長いので「茶の間に」からをクライマックスとする。

導入部の『「ばかやろう！」の罵声やげんこつ』「ふんどし一つで家中を歩き回り、大酒を飲み、かんしゃくを起こして母や子供たちに手を上げる」という父親とは全く違う意外な姿がここで見える。描写性、衝撃性という点でも読者へのアピールの度は高い。何より普段の姿とは全く違う、なりふり構わない父の愛情が強く読める。

**クライマックスの指標**

1 それまで見せることのなかった意外な姿を、父が見せる決定的場面である（事件の決定）

2 読者により強くアピールする書かれ方である。

(1)「はだしで外へ飛び出した。」「やせた妹の肩を抱き」など描写性の密度が濃い。（描写の密度の濃さ）

(2)「やせた妹の肩を抱き、声を上げて泣いた。」など緊迫感・緊張感が特に高い。（緊迫感・緊張感）

(3)「私は父が、大人の男が声を立てて泣くのを」と「大人の男が」を入れている。（表現上の工夫）

3 「私」の父に対する見方の変容、それを三十年忘れない父への思い。（主題との関わり）

### (3) 山場の始まりと終結部

山場の始まりは、このクライマックスに直接つながる妹の帰宅「妹が帰ってくる日、私と弟は～」である。

終結部は「あれから三十一年、父はなくなり、妹も当時の父に近い年になった。」と過去から現在に戻る。山場の衝撃性とは対照的な落ち着いた終結部である。

この作品は、クライマックスに向かって導入部、展開部、山場と見事に伏線が仕掛けられている。それらがクライマックスで実を結ぶ。終結部はそれを意味づける。

## 2 「字のない葉書」の題名を読む—形象よみ

「字のない葉書」自体が、仕掛けである。葉書には普通字が書かれている。それを「字のない葉書」と題名で示すことで、読者の心を掴む。

「字がないということは絵か何かかな」と思っていると、それも裏切られる。

まさか字の書けない娘に父親が託した葉書のことであるとは、予想もつかない。それが「元気な日はマルを書いて、、毎日一枚ずつポストに入れなさい。」という父の心遣いであったということ自体にある驚きがある。

そして、題名の直後、「字のない葉書」とは、真逆の「死んだ父は筆まめな人であった。」から作品が始まる。題名と冒頭が、うまく読者を戸惑わせている。そして、クライマックスのあの出来事の後、終結部で「あの字のない葉書は、誰がどこにしまったのかそれともなくなったのか、私は一度も見ていない。」で語られ作品を閉じる。心憎い演出である。

## 3　「字のない葉書」導入部の形象よみ

形象よみでまず重要なのは、導入部、展開部、山場それぞれで特にどの語句、どの文にこそ着目するかを意識できることである。「鍵」への着目である。授業で子どもが自力で「鍵」の部分に着目できるようしていくことが大切である。それは構造よみで着目した「クライマックス」を意識することでより効果的に行える。

### (1)　父の人物像―人物設定

導入部では父のさまざまな側面が読めるが、何より重要なのはクライマックスで見せる父親像とは真逆の「暴君」としての人物像である。そここそが導入部の鍵となる。

> 「ばかやろう!」の罵声やげんこつは日常のことふんどし一つで家中を歩き回り、大酒を飲み、かんしゃくを起こして母や子供たちに手を上げる父の姿

戦前の典型的な暴君型の父親像である。家父長制のもとで当主は絶対的な位置にあることが少なくなかった。「げんこつ」「手を上げる」とは妻や子どもに暴力を振るうということであり、「罵声」は大声で妻や子どもをののしる父親である。親として叱るというレベルではない。「ふんどし一つ」も、女性ならば許されないところを家父長であることから許されているということである。ドメスティックバイオレンスであり、極端な男尊女卑である。語り手である娘の「私」は、そういう父親を特に憎し

みや強い非難をもって語っていないことに留意する必要がある。当時の父親像としては、特別なものではないという意識なのかもしれない。

いずれにしても、これらの父親像が伏線となってクライマックスで効果を発揮する。劇的効果である。仮に物腰の穏やかな普段から優しい父親像であったとしたら、クライマックスはあれほど劇的にはならなかった。

ただし、この父親像は導入部段階ですでに一部修正されている。冒頭の「筆まめな人」であり、「私」が親元を離れた際も「一日にあげず手紙をよこ」す。「手紙は一日に二通来ることもあり、一学期の別居期間にかなりの数になった」ともある。また「私を貴女《あなた》」と呼ぶ。「私」はそれを「反面照れ性であった父は、他人行儀という形でしか十三歳の娘に手紙が書けなかったのであろう」などと好意的に語っている。

導入部ですでに「暴君」的父親像とは違う意外な父親像が示される。設定とは言え、これ自体が軽い事件性を含む。それが発端以降でより劇的な事件へと発展する。

### (2)「私」にとってこの後の事件がもつ意味

導入部で着目すべき部分が、右以外にある。それは導入部の最後の次の部分である。

> この手紙のあと、かれこれ三十年付き合ったことになるが、優しい父の姿を見せたのは、この手紙の中だけである。／この手紙もなつかしいが、最も心に残るものをといわれれば、父が宛名を書き、妹が「文面」を書いた。あの葉書ということになろう。

「優しい父の姿を見せたのは、この手紙の中だけ」からは、父には娘が優しいと感じる言動はほとんどなかったことが窺える。「向田邦子殿」と書き「貴女」と呼び、「勉強になるからまめに字を引くように」程度の文面で「優しい父の姿」というくらいだから、普段の父の娘への接し方、さらには家族への接し方が推測できる。

そして導入部の最後では「最も心に残るものをといわれれば、父が宛名を書き、妹が『文面』を書いた、あの葉書」と、「字のない葉書」をめぐりよほどのことが起こったことを予想させる一文が位置付く。そのうえ、父とはこの出来事の後「三十年以上付き合」い、すでに

「死んだ父」だから、かなり昔のことになる。それでも今でも「最も心に残る」と述べている。これからの事件の大きさへの期待が読者の中で醸成される仕掛けである。

## 4 「字のない葉書」展開部の形象よみ

展開部から事件が動き出す。着目すべきは、その事件がより大きく変化する節目、つまり「事件の発展」である。それが展開部の鍵となる部分である。事件とは言っても、そこでは登場人物たちの変容や意外な側面の顕在化などさまざまな人物像が同時に読めてくる。

この作品では、妹の疎開をめぐる「字のない葉書」の中身それ自体が事件である。だから、この展開部で着目すべき部分は、クライマックスに向かって変化する妹の「字のない葉書」とそれと連動する出来事である。それがここでの「事件の発展」となる。

> 父はおびただしい葉書にきちょうめんな筆で自分宛ての宛名を書いた。／「元気な日はマルを書いて、毎日一枚ずつポストに入れなさい。」(A)
>
> 一週間ほどで、初めての葉書が着いた。紙いっぱいはみ出すほどの、威勢のいい赤鉛筆の大マルである。(B)
>
> ところが、次の日からマルは急激に小さくなっていった。情けない黒鉛筆の小マルは、ついにバツに変わった(C)。
>
> まもなくバツの葉書も来なくなった。(D)

これらが「事件の発展」である。まず、Aからは導入部でも見た父のまめさが読める。遠く離れて見ず知らずの土地に疎開する幼い娘へのせめてもの配慮である。

はじめは「地元婦人会が赤飯やぼた餅を振る舞って歓迎してくださった」のだから、大マルは当然である。しかし、食料事情がよくない中、そんな状態が続くはずはない。小さいマルになりバツに変わり葉書も来なくなる。よくある下降線の事件展開である。

B→C→Dと変化していく際の父や母の妹への心配は計り知れぬほどのものであったはずである。しかし、それについては直接の記述は何もない。推察はできるものの、直接の記述が全くないからこそ、クライマックスの父の姿が一層衝撃的になる。父や母の心配する姿が書かれていないということ自体が伏線と言えるかもしれない。

## 5 「字のない葉書」山場の形象よみ

### ―クライマックスの三つの文をどう読むか

山場は「妹が帰ってくる日」からであるが、その直後の次がクライマックスである。

> 茶の間に座っていた父は、はだしで表へ飛び出した。防火用水桶の前で、やせた妹の肩を抱き、声を上げて泣いた。私は父が、大人の男が声を立てて泣くのを初めて見た。

「やせた妹の肩を抱き、声を上げて泣いた。」が衝撃的である。戦後しばらくまで「男は人前で泣くものではない」「男が人前でなくのは、親が死んだときだけ」などと言われていた。まして戦中のこの時期、男性が人前で泣くことはかなりはばかられていた。それも家族の前で泣いたというだけでない。「防火用水桶の前」だから、おそらくは家の前の路上である。近所の人たちからも見られる可能性がある場所で泣いていたことになる。それも「声を上げて」いる。普通ありえないことである。

その上、導入部で紹介されているように『ばかやろう!』の罵声とげんこつは日常のこと」「ふんどし一つで家中を歩き回り、大酒を飲み、かんしゃくを起こして母や子供たちに手を挙げる」「暴君」の父である。その落差・意外さは一層のものである。

「はだしで表へ飛び出した。」も、普通のことではない。子供ならまだしも、大人が履物なしに裸足のまま表へ出るなど、よほど緊急の時以外にはありえない。いくらつらい思いをして帰って来た娘とはいえ、今死ぬ・生きるという事態ではない。にもかかわらず、家族みんなが見ている状況で「はだしで表へ飛び出」す。これも、近所の人たちからも見られるかもしれないという状況での裸足での飛び出しである。

そこまで父は耐えきれない気持ちで娘を待っていたことがわかる。「茶の間に座ってた」ということは、表面上は家族には普段どおりであるかのような姿を見せていた。しかし、「帰って来たよ!」と息子が叫ぶと、抑えきれなくなって飛び出したのである。ここから類推すると、右で見てきた展開部で娘の葉書の「威勢のいい赤鉛筆の大マル」が「小さく」なり「バツに変わ」り、やがては「バツの葉書も来なくな」る過程で、父がどれくらい気を揉んでいたかが見えてくる。これは、クライマックスから展開部に遡る読みである。娘を疎開に出したことを後悔していた可能性も高い。おそらくはそのことを、妻も含め家族に嘆いたり漏らしたりはしてこなかったのであろう。その気持ちが抑えきれなくなって「はだしで」飛び出し「声を上げて泣」くということになる。

「私は父が、大人の男が声を立てて泣くのを初めてみた。」からも多くが読める。「私」がそれまで父が泣く姿を見たことがないことは予想どおりである。家族にさえ泣いている姿を見せない父。その父が家族だけでなく近所の人に見られるかもしれない中で声を上げて泣く。

ここではその時の「私」の驚きが読める。「私」は導入部のとおりに普段の父の姿を見てきている。その父が全く予想外な姿を見せたことへの驚きである。導入部に「最も心に残るものをといわれれば」「あの葉書ということになろう。」とあるように、その後「私」の中で一番忘れられない出来事として残り続ける。それくらいの衝撃を「私」は受けたことになる。「暴君」であった父がそれとは全く違った側面（娘へのなりふり構わない愛情）を見せたことについて、「私」は（少なくとも現在は）かなりの共感をもって見ていることもわかる。

「私は父が、声を立てて泣くのを初めてみた。」ではない。「私は父が、大人の男が声を立てて泣くのを初めてみた。」と「大人の男が」が入る。すでに読んだとおり当時は大人の男が人前で泣くことは稀であった。だから「私」にそういう経験は全くない。ところが、目の前で「大人の男」が泣いている。それも「声を立てて」泣いる。そして、その「大人の男」は他ならぬ父であった。「私」にとっての衝撃性・意外性がより累加される。

このクライマックスは、父という人物が全く予想外の側面（娘へのなりふり構わない愛情）を見せたことについて読者が衝撃を受けるものである。と同時に「私」が強い衝撃を受けていることに読者は共感するという仕掛けになっている。意外性・衝撃性には二重の意味がある。

## 6　「字のない葉書」終結部の形象よみ

終結部は次のとおりである。

> あれから三十一年。父はなくなり、妹も当時の父に近い年になった。だが、あの字のない葉書は、誰がどこにしまったのかそれともなくなったのか、私は一度も見ていない。

衝撃的な山場とはうって変わった落ち着いた淡々とした終結部である。この切り替えが心憎い。出来事への感想や感慨は、直接には語っていない。「三十一年」経ち、幼くやせていた妹が父の年齢に近づくほどになったが、あの葉書は「一度も見ていない」と続く。

しかし、それだけの時間が経っているにもかかわらず、決して忘れられない出来事であることを、導入部の「最も心に残るものをといわれれば」「あの葉書ということになろう。」と呼応させ印象づける。

「あの字のない葉書は」「私は一度も見ていない。」は、ただ葉書が行方不明なこと、それゆえ「私」は見ていないことを述べているだけに見える。しかし、「一度も見ていない。」と末尾でわざわざ語るということは、できればあの葉書をもう一度見てみたい、それだけの出来事であったのだからという思いがあるということである。

## 7 「字のない葉書」の吟味よみ

「暴君」として許しがたい側面をもちながらも、もう一方では几帳面な姿も見せていた父。そして、それらとは全く違った幼い娘へのなりふり構わない愛情を見せた父。三十年を経た今「私」は、改めてその父のそういう側面に確かに共感している。それは導入部─展開部で丁寧に仕掛けられた伏線によるし、クライマックスがそれらを生かしながら感動的に演出されていることによる。

すでに指摘したが、読者は父の意外な姿に驚き衝撃を受けるだけではない。そういう父の姿に驚き、その後長く心に刻みつけ続けている娘の「私」の見方にも感銘を受ける二重の仕掛けになっている。

とはいえ、それは現在は父とも死別し、出来事から三十年も経ているからこその感銘であるともいえる。当時は「ばかやろう！」「大酒を飲み」「母や子供たちに手を上げる父」に、「私」や母は恐怖を抱いたに違いない。憎しみをもったこともあるかもしれない。父の行為は「愛の鞭」であるはずはない。ドメスティックバイオレンスであり、そのときの恐怖や憎しみは錯覚などではない。死別しかなりの時間が経過したからこそ、今さらながらに語れる「美談」と見ることもできるかもしれない。

いずれの見方がありうるが、どう読むかは読者が決めることである。「吟味よみ」の過程で、本文の記述に戻りつつ子どもたちに論議させることで読みが深まる。

【編集委員紹介】

**阿部　昇**（あべ　のぼる）〔編集委員長〕
秋田大学大学院教育学研究科教授。「読み」の授業研究会代表、日本教育方法学会常任理事、全国大学国語教育学会理事、日本NIE学会理事。
〈主要著書〉『国語力をつける物語・小説の「読み」の授業―PISA読解力を超えるあたらしい授業の提案』『文章吟味力を鍛える―教科書・メディア・総合の吟味』『アクティブ・ラーニングを生かした探究型の授業づくり』以上、明治図書、『あたらしい国語科指導法　第5版』［編著］学文社、他。

**鈴野　高志**（すずの　たかし）
茗溪学園中学校高等学校教諭。「読み」の授業研究会事務局次長。
〈主要著書〉『国語の本質がわかる授業②ことばと作文』［編著］『国語の本質がわかる授業④文学作品の読み方Ⅱ』［編著］以上、日本標準、他。

**髙橋　喜代治**（たかはし　きよじ）
立教大学兼任講師。「読み」の授業研究会事務局長。
〈主要著書〉『耕地の子どもの暮らしと遊び』ブイツーソリューション、『教科の本質がわかる授業⑥　説明文の読み方』［編著］日本標準、『国語力をつける説明文・論説文の「読み」の授業』［編著］明治図書、他。

**永橋　和行**（ながはし　かずゆき）
立命館小学校教諭。「読み」の授業研究会事務局次長。
〈主要著書〉『教材研究の定説化「おこりじぞう」の読み方指導』『教材研究の定説化「お母さんの木」の読み方指導』［共著］『総合的学習の基礎づくり3「学び方を学ぶ」小学校高学年編』［共著］以上、明治図書、他。

**柴田　義松**（しばた　よしまつ）
東京大学名誉教授。日本教育方法学会理事。日本教育方法学会代表理事、日本カリキュラム学会代表理事などを歴任。
〈主要著書〉『21世紀を拓く教授学』『学び方の基礎・基本と総合的学習』以上、明治図書、『ヴィゴツキー入門』子どもの未来社、他。

国語授業の改革18
**国語の授業で「深い学び」をどう実現していくか**
**――「言葉による見方・考え方」の解明と教材研究の深化**

2018年8月25日　第1版第1刷発行

「読み」の授業研究会［編］
（編集委員：阿部昇／鈴野高志／髙橋喜代治／永橋和行／柴田義松）

発行者　田　中　千津子
発行所　株式会社　学　文　社
〒153-0064　東京都目黒区下目黒3-6-1
電　話　03（3715）1501㈹
ＦＡＸ　03（3715）2012
振　替　00130-9-98842
http://www.gakubunsha.com



印刷所　メディカ・ピーシー

ISBN 978-4-7620-2828-1